Arthur Rapp

Flora von Livland

Arthur Rapp

Flora von Livland

ISBN/EAN: 9783743343504

Hergestellt in Europa, USA, Kanada, Australien, Japan

Cover: Foto ©ninafisch / pixelio.de

Manufactured and distributed by brebook publishing software (www.brebook.com)

Arthur Rapp

Flora von Livland

Flora
der Umgebung Lemsals und Laudohns.

Zwei Beiträge zur Flora Livlands

von

Dr. A. Rapp.

Herausgegeben und mit einer phytogeographischen Einleitung versehen

von

Dr. botan. J. Klinge.

Riga.
Druck von W. F. Hacker.
1895.

Дозволено цензурою. **Рига,** 24 Марта 1895 года.

Separat-Abdruck aus „Festschrift des Naturforscher-Vereins zu Riga in Anlass seines 50jährigen Bestehens am 27. März (8. April) **1895**".

Inhaltsübersicht.

	Pag.
Vorwort	V—IX
Phytogeographische Einleitung	1
Topographie des Florengebiets	1
Hydrographisches	5
Spezieller Teil	9
I. Vegetations-Formationen des Binnenlandes	11
A. Vergesellschaftungen historischer Florenelemente	11
1. Äcker, Feldränder, Trockene Weg- und Grabenränder, Grasplätze, Viehweiden, Gärten, Gemüsegärten, Parks, Schlossruinen, Lettischer Kirchhof, Ruderalplätze, Zäune und Hecken, Höfe	11—16
2. Verwilderungen	16—19
B. Vergesellschaftungen geologischer Florenelemente	19
1. Vegetation der Gewässer: Flottierende und amphibische Gewächse, Uferpflanzen, Viehtränken, Torflöcher und Tümpel, Mühlenstauung, feuchte und nasse Gräben, Quellen	19—22
2. Vegetation der Moore und Wiesen: Moosmoore, Randzone derselben, Sümpfe, Wiesen	22—25
3. Vegetation der Gebüschformationen: Gebüsche, bebuschte Halbinsel im Jungfernhofschen See, Schluchten, trockne Anhöhen	25—31
4. Vegetation des Binnenwaldes: Wald allgemein, Bruchzeemwald, Laubwald bei Jungfernhof	31—33
II. Vegetationsformationen des Strandes	33
A. Küstensaum	34
1. Ruderalpflanzen	34—35
2. Halophyten und Strandpflanzen, Meeresflora, Strand-Tümpel	36
B. Dünenflora	36
1. Dünenpflanzen: Grasige Stellen, Dünen-Gebüsche, Dünen-Hohlweg, Bachränder, Vegetation am Wetterflusse	36—39
2. Dünenwald: beim Kirr-Gesinde, am Wetterflusse, Waldsumpf	39—41
C. Strandniederung	41
Wald-Schonung beim Steebre-Gesinde, Wald am Pernigelbache, Wald am Wetterflusse	42—45
Aufzählung der Gefässpflanzen der Umgebung Lemsals	46
Aufzählung der Gefässpflanzen von Laudohn	86

Vorwort.

Es ist mir die traurige Pflicht zu Teil geworden, die Sammlungen und Pflanzenverzeichnisse meines unglücklichen Freundes Dr. A. Rapp der Öffentlichkeit zu übergeben. Ich hatte freilich gehofft, dass er selbst noch die Herausgabe der Flora werde übernehmen können, doch diese Hoffnung hat sich leider nicht erfüllt. Durch Vermittelung seines jüngeren Bruders, O. Rapp in Jurjew (Dorpat), seines Vetters A. Schmidt in Wilkenhof und von Frau A. Ruschmann in Landohn habe ich die überall zerstreut und verzettelt umherliegenden Aufzeichnungen und Sammlungen in ziemlicher Vollständigkeit beisammen erhalten. Auf den nachstehenden Blättern sind dieselben, ebenso Notizen und Pflanzenfunde, welche ich in Rapps Gesellschaft auf mehreren Exkursionen in der Umgebung Lemsals gemacht, veröffentlicht.

In floristischer Hinsicht ist es ein fast gar nicht gekanntes Gebiet Livlands, das hier durch Rapps Forschung erschlossen ist. Abgesehen von etwa fünf Fundortsangaben, welche in Wiedemann und Webers Flora der Ostseeprovinzen und in Willkomms Streifzügen zitiert sind, ist der Flora Lemsals und Umgegend nirgendwo in der vaterländischen Litteratur Erwähnung geschehen. Es wird daher dieser Beitrag zu unserer Flora den baltischen Botanophilen um so willkommener und die phytogeographische Erforschung des Ostbaltikums um so förderlicher sein, als hier ein in floristischer Hinsicht fast völlig unbekanntes und in vielfacher Beziehung durchaus interessantes Gebiet bekannt geworden ist.

Die Umgrenzung des Florengebiets ist eine ganz willkürlich angenommene und deckt sich durchaus nicht mit den politischen Grenzen des Lemsaler Kreises. Auch ist die Abtrennung des

Gebiets nicht nach Wahl natürlicher Grenzen geschehen. Die Nordgrenze bildet der Unterlauf der Sweht-uppe mit dem Gebiete der Güter Kürbis, Sepküll und Erkull; die Ostgrenze die Güter Posendorf, Wainsel und Würtzenberg; die Südgrenze die Güter Saarum, Nabben und Adiamünde; die Westgrenze das Meer. Ausserdem ist das Florengebiet nicht gleichmässig durchforscht worden. Es sind ganze Striche vorhanden, welche von Rapp nicht berührt worden und daher ihm völlig unbekannt geblieben sind, während andere Teile auch nur flüchtig beim Durchfahren von ihm durchmustert sind. Der grösste Teil des umgrenzten Gebiets ist jedoch von ihm mehr oder weniger genau durchforscht worden. Es ist hieraus zu ersehen, dass die nachstehenden Aufzeichnungen noch lange nicht Anspruch auf Vollständigkeit erheben können und dass hier, wie überall im Ostbaltikum, für die Detailforschung noch ein grosses Arbeitsfeld übrig ist.

Ein Mangel aller bisher erschienenen Lokalfloren ist das Fehlen der Fundortsangaben bei häufiger im Gebiete auftretenden Pflanzen. Ebenso vermisst man fast immer Angaben über Standort, Vergesellschaftung, Bodenbeschaffenheit und Exposition. Solche Angaben sind durchaus notwendig, wenn man das in den Verzeichnissen aufgezählte Pflanzenmaterial phytogeographisch verwerten will. Fehlen dieselben ganz, so sinkt die Lokalflora zu einem blossen Pflanzen-Vokabularium herab, mit dem man eben nur Statistik treiben kann. Genaue Standortsangaben sind von der grössten Bedeutung und Wichtigkeit, wenn man die oft überraschende Verbreitungsweise gewisser Pflanzen verstehen will. Es wäre noch heute die Verbreitung arktischer Gewächse auf dem Glintrande Estlands, die subboreale Relikteninsel bei Gross-Köppo in Nordlivland, das plötzliche Auftreten atlantischer Pflanzen weit im Binnenlande, die strichweise Verteilung von anderen Gewächsen u. s. w. unerklärbar, wenn nicht die genaue Feststellung der Eigentümlichkeiten der Standortsverhältnisse und der Exposition solcher scheinbar abnorm verteilter Gewächse die Erklärung für ihre heutige sprung- und inselartige Verbreitungsweise abgegeben hätte. Um so dankenswerter ist es, dass Rapp solche Notizen, freilich in noch nicht genügender Weise, beigefügt hat. An dieser Stelle möchte ich die Hoffnung aussprechen, dass nachfolgende Lokalfloristen die hier an eine Lokalflora gestellten Anforderungen erfüllen und dessen stets eingedenk sein mögen, dass auch die allergemeinsten Pflanzen bei Betrachtung und Vergleich ihrer Standortsverhältnisse oft ganz eigentümliche und überraschende Resultate liefern.

Ein auffallendes Ergebnis in Bezug auf die Anzahl der konstatierten Arten und Varietäten der Gefässpflanzen zeigt die vorliegende Flora im Vergleich mit einigen anderen baltischen Lokalfloren, wie sich aus der nachstehenden Übersicht ergiebt.

Lokalfloren von	Arten.	Variet.	Verwild.	Im Ganzen
Moon (Fr. Schmidt) . . .	591	—	1	592
Jurjew (Dorpat) (P. v. Glehn)	684	73	25	782
Reval (E. Russow) . . .	780	94	5	879
Oberkurland (E. Lehmann) .	594	—	—	594
Schwarzen (G. Pahnsch) .	587	68	—	655
Laudohn (A. Rapp) . .	417	—	—	417
Lemsal (A. Rapp) . .	684	206 (+29)	36	955

Es muss zunächst hierzu bemerkt werden, dass in allen älteren Floren die Anzahl der aufgezählten Arten faktisch geringer ist als die Schlusszahl zu beweisen scheint, weil viele daselbst als Arten aufgefasst, heute nur die Stelle als Varietäten einnehmen. Zudem wird die Artenzahl in denselben noch mehr herabgesetzt werden müssen durch den Wegfall von offenbaren Verwilderungen, welche hier unter den indigenen Arten Aufnahme gefunden haben. Es muss daher nach der heutigen Auffassung von Art und Varietät in jeder der älteren Floren die Artenzahl um ein Bedeutendes reduziert werden. Die Flora Revals steht unter allen Lokalfloren in ihren numerischen Verhältnissen am höchsten, weil viele eifrige Botaniker durch viele Jahre hindurch die Umgegend Revals erforscht hatten, bevor Russow an die Zusammenstellung seiner und der bereits vorhandenen Aufzeichnungen und Beobachtungen ging. Aber auch noch andere Ursachen waren bedingend, um hier eine im Vergleich reiche Flora zu erzeugen und daher die höchsten Zahlenverhältnisse zu erzielen. Die exponierte Lage des Revaler Bezirks, das ausserordentlich wechselnde Terrain, die vielen tiefen und geschützten Buchten und vorgelagerten Inseln und besonders der Steilabsturz des Glints mit seinem Geklüft enthalten die Bedingungen, dass sich hier ein Reichtum von Florenelementen verschiedenster Einwanderungszeiten entfalten konnte, wie ihn nur noch wenige andere Orte der Ostseeprovinzen aufzuweisen vermögen. Unser Lemsaler Gebiet ist durch die Naturverhältnisse nicht so begünstigt, und hat gar keine Vorarbeiter gehabt und ist auch in unverhältnismässig kurzer Zeit durchforscht worden, nimmt aber trotz dessen in Bezug auf die Höhe der Artenzahl nächst der Revaler Flora die zweite und in Bezug auf die Menge der gesicherten Varietäten und Formen unter allen baltischen Lokalfloren unstreitig die erste Stelle ein. Die Feststellung einer so grossen Anzahl von Variationen innerhalb eines so kleinen Gebiets gehört mit zu den Hauptverdiensten von Rapp.

Es ist dieser Flora von Lemsal und Umgebung noch ein anderes Pflanzenverzeichnis angehängt worden. Dasselbe ist von mir nach einem Herbarium, welches Rapp in den Jahren 1882 und 1883 im Vereine mit den Gliedern der Familie Ruschmann angelegt hatte, angefertigt worden. Die Pflanzen sind in der unmittelbaren Nähe des Gutshofes und zum grössten Teile in dem an der Ewst gelegenen Parke gesammelt worden. Hier in Landohn begann Rapps floristische Thätigkeit, welcher er bis zu seiner Erkrankung an allen Orten, wohin ihn auch sein Beruf führte, mit grossem Eifer oblag. Als Knabe hatte er ein ansehnliches Herbarium, das jetzt auch in meinen Händen ist, aus der Umgebung Dorpats bereits angelegt, aber sein eigentliches floristisches Interesse datiert erst vom Jahre 1882.

Es sind, wie man bemerken wird, im Pflanzenverzeichnisse der Flora Lemsals einige Fundstellen ohne fortlaufende Numeration aufgeführt. Dieselben gehören nicht in das Lemsaler Florengebiet, sie liegen ausserhalb der hier gezogenen Grenzen und sind gelegentlich von Rapp auf seinen Tourfahrten über Land gemacht.

Es wäre angezeigt gewesen, in dieser Flora das neue von A. Engler begründete Pflanzensystem in die baltisch-floristische Litteratur einzuführen. Es ist jedoch aus Bequemlichkeitsgründen das bisher gebräuchliche von Hanstein noch beibehalten worden.

Zum Schlusse sei mir noch gestattet ein gedrängtes Curriculum vitae von Rapp anzuhängen: Arthur Roman Rapp wurde am 24. September 1854 in Henselshof bei Rujen geboren, besuchte von 1864—1872 das Jurjewsche (Dorpater) Gouvernements-Gymnasium und wurde 1873 I für das Studium der Medizin an der Universität Jurjew (Dorpat) immatrikuliert. Nach bestandenem Examen rigorosum im Semester I 1881 bezog er auf ein Jahr die Wiener und Berliner Hochschulen. Zurückgekehrt, liess er sich zuerst in Alt-Pebalg nieder, siedelte aber sehr bald von dort im Spätsommer 1882 nach Laudohn über und praktizierte hier bis zum Sommer 1884. Nachdem er vorübergehend in Kosenhof und Wainsel gewesen, liess er sich im März 1887 in Lemsal als freipraktizierender Arzt nieder. Im April 1892 wurde er von seinem Bruder Oskar als Patient nach Jurjew (Dorpat) gebracht.

Jurjew, im Dezember 1894.

Johannes Klinge.

Phytogeographische Einleitung.

Topographie des Florengebiets.

Werfen wir einen Blick auf die Karte des Ostbaltikums, so fällt uns beim Vergleich der Küsten-Konfiguration der drei Provinzen vor allen Dingen auf, dass die Küstenstrecken Estlands und der Inseln in stark auszackter Uferlinie nach verschiedenen Richtungen sich hinziehen, dass aber die Ostseeufer Livlands von der Pernau- bis zur Aa-Mündung und Kurlands von der Windau- bis zur Memel-Mündung in fast gerader Linie von N — S verlaufen. Der Grund zu der heutigen Küstengestaltung liegt einesteils in den geologischen Umwälzungen, die unser Land in früheren Erdperioden erfahren hat, und anderenteils in der erodierenden Thätigkeit des Wassers, insbesondere in der abradierenden und denudierenden Thätigkeit der Meereswellen. Der härtere Silurkalkstein Estlands und der Inseln hat den zerstörenden Gewalten einen grösseren Widerstand entgegengesetzt als der weichere devonische Sandstein Liv- und Kurlands. Durch die Verschiedenheit des unser Land zusammensetzenden geologischen Materials sind auch zum grossen Teil die Gegensätze in den Uferbildungen der nördlichen und südlichen Hälfte des Ostbaltikums bedingt. Die Küstenveränderung, wie sie uns heute entgegentritt, ist aber nur ein Produkt der in der Postglacialzeit waltenden geologischen Kräfte, welche uns in allmäliger, Jahrtausende dauernder Arbeit das heutige ganz veränderte Ostbaltikum überliefert haben.

Nicht in kontinuierlicher Weise ist die Arbeit der Wasserthätigkeit an der Umgestaltung der Küsten erfolgt, sondern häufig ist sie durch gewaltige Niveauschwankungen der Ostsee unterbrochen worden. Denn auch postglacial hat ein Werden und Vergehen im Sinne von Küsten-Zu- und Abnahme stattgefunden, so dass zur atlantischen Periode, wofür eine Reihe von Gründen und Beweisen spricht, das Niveau der Ostsee etwa 125 Fuss höher gestanden hat als heute, und dass zur subborealen Zeit, zur Steppenperiode Europas, dasselbe unsere Gestade bespülende Meer zu kleineren, doch immerhin den Peipus an Grösse übertreffenden Binnenseen zusammengeschrumpft war. Griff die Ostsee zur atlantischen Periode tief in das

Land ein, so war sie zur subborealen Periode von heute spurlos verschwundenen Inseln und grösseren Landverbindungen erfüllt. Bedeckte das Meer in der feuchten insularen Periode mit seinen Wassern z. B. die weite Mitauer und Rigaer Ebene, so stand in der trockenen kontinentalen Periode unser Land durch Inseln und durch Länderrücken mit Skandinavien in direkter Verbindung. Auf diesen Überbrückungen fand zu jener Zeit ein lebhafter Floren-Austausch statt und besonders eine Wanderung solcher Florenelemente nach W, welche damals Europa überzogen, wofür die Ueberbleibsel, die subborealen Reliktenpflanzen, in Skandinavien und auf den Ostseeinseln ein lebhaftes Zeugnis ablegen. — Die Ufermarken der atlantischen Ostsee sind uns in mannigfacher Weise überkommen, während die der subborealen von der heutigen Ostsee zerstört und von ihr überfluthet worden sind.

Die Resultierende aller jener postglacialen Kraftäusserungen, welche unsere Küsten veränderten, ist der heutige Verlauf derselben. Im Gegensatze zu einer felsigen Steilküste, wie die Estlands, welche durch Abrasion und Ablation zerklüftet, tief eingebuchtet und mit zahllosen Inseln und Skären vorgelagert wird, wofür wir in vollendetster Weise Beispiele an der Westküste Schottlands, Norwegens und Finnlands sehen können, wird eine Flachküste, wie die Liv- und Kurlands, durch die Wellenthätigkeit gradläufig gelegt und nivelliert. Durch Dedunation und Akkumulation werden Buchten ausgefüllt, hinausragende Landzungen abradiert und der Detritus der einmündenden Ströme, Flüsse und Bäche als Sand auf das Ufer geworfen. Der letztere wird vom Winde landeinwärts getragen und zu den Dünensystemen, welche unsere nach W exponierten Flachküsten stets begleiten, abgelagert.

Die Gradläufigkeit der erwähnten Küstenstrecken hat aber bei uns noch einen weiteren Grund, im Gegensatz zu der durch vielfachen Wechsel von Bucht und Halbinsel charakterisirten übrigen Küstenstrecke. Bedingend für das heutige Bodenrelief und für die Küsten-Konfiguration sind vor allen Dingen die geologischen Umwälzungen der letzten Glacialzeit und dann auch die ursprünglichen Reliefformen der anstehenden Felsarten gewesen. Unser Land stellt heute fast in allen seinen Teilen eine reine Moränenlandschaft dar, auf welcher die alten durch Gletscher abgetragenen Hochgebirge Finnlands als Schutt abgelagert sind. Die Moränenschüttungen, welche fast überall das Silur und Devon bedecken und unsere Höhen und Hügel bilden, zeigen in ihrer Auflagerung meist einen mehr oder weniger regelmässigen Verlauf, welcher von den Gletscherströmen vorgezeichnet war. Nun war die Richtung der alten Gletscherzüge in der letzten Eiszeit im allgemeinen von N—S mit einer kleinen Ablenkung nach E, so dass die Gletscherschuttmassen in ihrer Ablagerung durchschnittlich von NNW—SSE gestreckt sind, also in derselben Richtung wie die Uferlinien der gradläufigen Küsten Liv- und Kurlands.

Wenn wir genauer untersuchen, so haben wir auch in der That einen ursächlichen Zusammenhang zwischen dem Küstenverlauf und der Längsrichtung der Moränenzüge. Wir finden nämlich parallel diesen gradläufigen Flachküsten ein ganzes System in derselben Richtung verlaufender Bodenwellen, deren äusserste, der Küste am nächsten liegende — in den meisten Fällen auch die niedrigste — gewöhnlich das alte atlantische Ufer noch überlagert. Die übrigen Parallelzüge steigen terrassenförmig allmälig zum Binnenlande an, was auch im Zusammenhange mit der allmäligen Bodenerhebung nach E und der Abflachung nach W des gesamten baltisch-lithanischen Plateaus steht. Diese von NNW—SSE streichenden Moränenzüge haben, neben den bereits oben erwähnten Ursachen, den Küstenverlauf vorgezeichnet und sind bestimmend und hemmend gewesen für die Angriffsthätigkeit der Ostseewellen. Gleichzeitig haben sie auch als lockere Schuttmassen durch die erodierenden Flüsse, Bäche und Tagewässer das meiste Denudationsmaterial dem Meere geliefert, welches einen Teil dieses Detritus als Dünensand der Strandniederung wieder zurückgegeben hat. Überall, wo ich in Livland und Kurland die Gelegenheit fand diese der Küste am nächsten liegende Moränen-Region zu durchqueren, habe ich stets dieselben Bildungsweisen angetroffen und glaube daher auf gleiche Verhältnisse aller auch der von mir nicht untersuchten gradläufigen, von N—S gerichteten Küstenstrecken des Ostbaltikums schliessen zu können.

War das im allgemeinen ein flüchtig skizziertes Bild von der Topographie unserer gradläufigen Küsten und des anliegenden Binnenlandes, so trifft diese Schilderung für das speziell hier zu betrachtende Gebiet nicht nur völlig zu, sondern es ist auch nur folgendes kurz hinzuzufügen. In dem von uns botanisch genauer zu behandelnden Florengebiete sind es vorzüglich drei grössere Bodenwellen-Systeme, welche von NNW—SSE streichen und durch breite Thalfurchen von einander geschieden sind. Nach W fällt der äusserste Moränenrücken mit dem alten atlantischen Ostseeufer zur Strandniederung ab und nach E reihen sich weitere Parallelzüge diesen dreien an, welche zum Teil schon ausserhalb der Grenzen unseres Florengebiets liegen. Hin und wieder werden die Moränenzüge durch Querthäler durchbrochen, oder es kommunizieren durch engere Querfurchen die Längsthäler mit einander. Das Florenterrain ist demnach ein durchweg hügeliges und daher ein mit reicher Abwechslung von Höhe und Niederung durchsetztes. Dem entsprechend ist auch ein lebhafter Wechsel aller Vegetations-Formationen vorhanden. Aber auch innerhalb einer Vegetations-Formation liegen Verschiedenheiten und Gegensätze scharf nebeneinander, was eben durch das stetig wechselnde Bodenrelief veranlasst ist. So finden wir z. B. den Wald in fast allen seinen Formen, so weit das Ostbaltikum nur Verschiedenheiten dieser Formation aufzuweisen hat, hier vertreten.

Neben der Moränenlandschaft, welche den grössten Flächenraum unseres Florengebiets umfasst, tritt hier noch eine andere durch neuere geologische Thätigkeit hervorgebrachte Bodenart hinzu, welche sowohl in topographischer als auch in floristischer Hinsicht eine gesonderte Betrachtung erheischt. Es ist die Strandformation mit der Ufer-, Dünen- und Strandniederungs-Bildung. Der Strand tritt in mehrfacher Beziehung in Gegensatz zu der vorher betrachteten Moränenlandschaft und ist, obgleich nur in schmalem Streifen Binnenland und Meer von einander trennend, doch durch seine Entstehungsweise und besonders durch seine abweichende Vegetation ausgezeichnet.

Die Strandformation lässt drei von einander mehr oder minder scharf geschiedene Zonen unterscheiden und zwar den schmalen Küstensaum, den Dünengürtel und die Strandniederung. Diese drei parallel neben einander laufenden Bodenstreifen sind auch in ihrer Pflanzendecke wesentlich von einander unterschieden. Besiedelt den schmalen Küstensaum die sogenannte Strandflora und die Ruderalflora des Strandes, so charakterisiert den Dünenwall eine eigentümliche Sandvegetation, welche unter dem Namen Dünenflora zusammengefasst wird. Die hinter dem Dünenwall liegende Niederung trägt je nach ihrer Oberflächen-Beschaffenheit eine Reihe von Vegetations-Formationen, unter denen Grasmoorbildungen und Niederungswälder prävalieren. Jedoch sind sie in ihrer Ursprünglichkeit häufig durch die Kulturarbeit des Menschen aufgehoben, indem der Mensch den guten Nährboden der Strandniederung zum grössten Teil unter Äcker und Wiesen gestellt hat.

Die Strandniederung stellt nämlich die flache Bodenstrecke dar, welche sich zwischen dem Dünenwall und dem alten Ostseeufer befindet und von sehr wechselnder Breite ist. Das Material derselben besteht aus dislozierten Geröll-, Sand- und besonders Thonmassen, welche ihren Ursprung und Anhäufung der Wellenthätigkeit der atlantischen Ostsee verdanken. Nach Rückzug der letzteren haben über diesen Akkumulationsprodukten im Laufe der folgenden Jahrtausende meist Sumpfgewächse und neben diesen Bäume und Sträucher des Niederungsbodens Platz gegriffen, welche in ihren angehäuften Humusmassen heute einen wertvollen Kulturboden liefern. Die Strandniederung ist gewöhnlich durchsetzt von Wasserausbreitungen der verschiedensten Form und Entstehung und meist durchfurcht von grösseren und einer Menge kleineren dem Meere zueilenden Wasserläufen, welche gleichsam verlegen vor dem Dünenwall mehr oder weniger weite Strecken parallel den Sandketten strömen, um an geeigneter Stelle einen Zugang zum Meere zu finden.

Der zwischen dem Meeresufer und Dünenwalle liegende schmale Küstensaum ist oft nur wenige Schritte breit und steht in direkter Abhängigkeit von den Meereswellen, welche bei heftiger Brandung ihn überströmen. Daher ist er nur inselartig mit einer Pflanzennarbe bedeckt und zwar auch nur dort, wo die Vegetation von den brandenden Wogen nicht zerstört oder mit Detritus überschüttet werden kann.

Unsere gradläufigen Küsten sind, wie aus ihrer Längenerstreckung hervorgeht, nach W exponiert und daher der erhöhten Angriffsthätigkeit der Ostseewellen ausgesetzt, weil die mittlere Windrichtung bei uns WWS ist und fast im rechten Winkel auf die Küste stösst. Das ist aber auch mit eine Ursache zur Vervollständigung der Gradläufigkeit dieser Küstenstrecken gewesen, da im rechten Winkel draufstossende Wellen eher Landzungen abscheuern und Buchten ausfüllen werden, als in einem spitzen Winkel abradierende Wellen.

Eine weitere Folge davon ist, dass unsere Küstenlinie keine konstante ist. Abgesehen von geringfügigen Veränderungen in dem Küstenverlaufe selbst, rückt das Meer gegen das Land unaufhaltsam vor, aber so allmälig, dass eben nur Messungen diesen Nachweis geben können. Die Ostsee strebt darnach: ihr altes atlantisches Ufer wieder zu gewinnen, aber ehe sie dieses Ziel erreichen wird, können vielleicht durch eingetretene geologische Veränderungen ganz entgegengesetzte Wirkungen hervorgebracht werden.

Ebenso wie durch Wind- und Wellenthätigkeit der Küstensaum allmälig nach E verlegt wird, rücken die Dünen landeinwärts und drohen die pflanzenreichen Wiesen und Wälder der Strandniederung zu begraben. Hier findet ein fortwährender Kampf zwischen Vegetation und Flugsand statt, und wo nicht störende Ursachen, wie Wege, Viehweiden u. s. w. mit eingreifen, gewinnt die Vegetation meist die Oberhand. Überall schickt eine Menge diese Bodenart charakterisierender Gewächse in langen Reihen seine Vorposten in den lockeren Sand, welche wohl ungezählte Male von demselben überschüttet und begraben werden, bis sie doch endlich obsiegen und jedes über sie gewehte oder rieselnde Sandkörnchen binden. Auch der Mensch thut hier sein Möglichstes, diesen mächtigen Feind seiner Arbeit und Mühe aufzuhalten, indem er ihm an der Grenz-Kaye durch Zäune und Bannvegetation wirksamen Einhalt gebietet, oder die Düne sorgsam unter Waldwuchs hält.

Hydrographisches. Der Lauf der Flüsse und Bäche und die Verteilung der Seen auf der Oberfläche eines Landes sind von den ursprünglichen Reliefformen desselben, in welchen sie sich ausgebreitet finden, abhängig, oder die Gewässer bedingen, wie in vorliegendem Falle nur in sehr geringem Grade, die Reliefform selbst. Die topographischen Verhältnisse unseres Gebiets sind, wie oben gezeigt, durch Ausfurchung von

Gletschern und durch Anhäufung ihres Moränenschuttes entstanden. Die dadurch hervorgerufene Thal- und Höhenbildung zeichnet auch den Verlauf und die Verteilung der Gewässer im allgemeinen vor. Die fliessenden Gewässer haben jedoch im Laufe der Zeiten in so weit das Gepräge der ursprünglichen Landschaft verändert, als sie die Thäler tiefer erodiert oder, als Waldbäche aus den die Höhen bestockenden Wäldern herabkommend, thalwärts tiefe Schluchten und Querfurchen ausgeschnitten oder stellenweise in den Thalsohlen Verschüttungen und Anhäufungen veranlasst haben. Nur sehr wenig hat der Mensch die hier durch die Arbeit dieser Agentien hervorgebrachten Bodenformen verändert oder aufgehoben.

Die Bildung der Flussthäler unserer grösseren Ströme und Flüsse, wie die der Düna, der beiden Aa-Flüsse, des Embachs, des Pernau-, Windau- und Salis-Flusses u. s. w., scheint, wenn wir deren Lauf in Betracht und Vergleich mit der Verteilung und Richtung der unser Gebiet durchströmenden Gewässer ziehen, durchaus unabhängig von den Glacialbildungen und der Moränenrichtung zu sein und dem, was oben beigebracht, zu widersprechen. Unsere grösseren Flussthäler und Flussläufe sind schon vor der Eiszeit vorhanden gewesen und haben postglacial ihre alten tertiären Betten wieder ausgefurcht. Sie haben heute fast denselben Verlauf, wie vor vielen Millionen von Jahren. Die kleineren Bäche und Flüsse dagegen, wie die meisten Nebenflüsse der obengenannten Ströme haben sich den durch die Glacialzeit hervorgebrachten Bodenwellen mehr oder weniger angeschlossen und strömen heute in den Moränenthälern. Die Bodenwellen sind jedoch vielfältig von diesen durchbrochen, wenn sie dieselben hinderten ihre Wassermengen dem Meere oder den grösseren ins Meer fallenden Flüssen zuzuführen.

In keinem anderen Teile Livlands tritt uns diese Anpassung der fliessenden Gewässer und anderer Wasserausbreitungen an die durch die Glacialzeit gegebenen Bodenverhältnisse so überraschend entgegen, wie hier in dem Lemsalschen Kreise. Die Strombahn aller grösseren Flüsse und Bäche dieses Gebiets geht im ganzen Ober- und Mittellaufe von S—N, selten umgekehrt, springt aber im Unterlaufe mit einem rechtwinkligen Knie plötzlich nach W. Dieser Weg ist, wie ersichtlich, abhängig von der Längenerstreckung der Moränenthäler, und die Gewässer fliessen in denselben so lange, bis sie eine Durchbruchsstelle zum Meere gefunden oder selbst eine solche erzeugt haben. Die Fluss- und Bachläufe umfliessen einander und sind hier gleichsam einer in den anderen eingeschachtelt.

Der bessern Orientierung halber wollen wir die beiden bedeutendsten Thalfurchen im W von Lemsal je nach den sie durchströmenden Flüssen benennen und zwar die östliche, in der die Lemsalschen Seeen liegen, das Sweht-uppe-Thal und die westliche Furche das Wetter-Thal. Der erstere

Fluss, die Sweht-uppe, umfliesst mit seinem Knie im NE das gleichfalls im NE liegende Knie des Wetterflusses.

Wenden wir uns zunächst zu einer kurzen Betrachtung des Flusssystems der Sweht-uppe. Der südlichere der beiden Lemsalschen Seen, der von S—N langgestreckte Leel-Esar, ist mit dem nördlichen, dem Muddi-, Mott- oder Duhne-Esar durch einen kurzen Abfluss verbunden, welcher, soviel ich weiss, keinen besonderen Namen trägt. Auf dem E-Abhange liegt hier die bis 2000 Einwohner zählende Stadt Lemsal. Aus dem Nordende des ebenfalls von S—N langgestreckten Duhne-Esar fliesst die Sweht-uppe, welche jedoch hier an ihrem Ausflusse bis einige Werst nördlicher, wo sie einen starken Nebenbach erhält, Wange genannt wird. Von hier strömt sie in fast nördlicher Richtung durch das Gebiet der Güter: Tegasch, Napküll, Poikern, — erhält hier aus dem gleichnamigen See einen Zufluss von E — Badenhof und Sepküll. Hier an der Kniestelle strömt sie in fast gerader W-Richtung dem Meere zu und durchbricht bei Neu-Salis, nachdem sie in der Strandniederung ein plötzliches Knie nach S gebildet, die Dünenkette. Auf diesem westlichen Unterlaufe erhält sie von S den Wilkenhofschen Bach, der im S aus seichter gelegenen Zwischenthälern, welche von Mooren und feuchten Wäldern erfüllt sind und den grössten Teil der dort gelegenen Rigaschen Stadtforsten begreifen, seinen Ursprung nimmt. In der nach N gelegenen Fortsetzung des Sweht-uppe-Thals strömt nördlich der Kniestelle der Sweht-uppe noch von S—N der Korgan-Bach, der, nachdem er den Primme-See verlassen, den Klicke-See gebildet und ebenfalls sein nordöstliches Knie gemacht, sich in westlichem Laufe in den Unterlauf der Salis ergiesst, also nicht mehr in das eigentliche System der Sweht-uppe hineingehört. Die Sweht-uppe steht jedoch in der Nähe der Salismündung mit der Salis durch einen kleinen Arm, den Neubach, in Verbindung, welcher somit beide Flusssysteme, wenigstens in ihrem Unterlaufe, vereinigt.

Das zwischen dem Sweht-uppe-Thal und der Küste, von S—N sich hinziehende Wetterthal wird von dem Wetterfluss oder Wetter-uppe durchflossen. Dieser kommt aus dem Ladenhof- oder Nabben-See, einem recht ansehnlichen Gewässer, das an Grösse den Lemsalschen Seen nicht nachsteht. Dieser See liegt aber in der südlichen Fortsetzung des Sweht-uppe-Thals und gehört der Lage nach auch hierher. Der Wetterbach geht aus der SW-Ecke desselben hinaus, durchbricht hier die Moränensenkung und vereinigt somit in seinem Quellgebiete das Sweht-uppe- mit dem Wetterthal. Der Wetterfluss durchströmt eine Reihe von Seen, unter denen die bedeutendsten der Skuje-, Ausing- und die vereinigten Jungfernhofschen Seen: der Naudas-, Reebe-, Domer- und Dilais- oder Dsille-See sind. Hier bei Jungfernhof erhält er von NE den Zimmelbach, der aus einem Zwischenthal aus Wäldern und Mooren herabkommt. Nach dem Ausflusse aus dem

Naudas-See strömt der Wetterfluss in fast grader N-Richtung durch das Gebiet der Güter Jungfernhof, Rüssel, Kulsdorf, Wilkenhof und Kürbis. Hier im Gebiete des letzteren Gutes macht er sein NE-Knie und mündet bei Kahlmann in die Ostsee.

Beide Flusssysteme sind sich darin gleich, dass sie die Hauptstrecke ihres Laufes in der Richtung von S—N zurücklegen, im Unterlaufe ein Knie nach W machen, um in dieser Richtung dem Meere zuzufliessen. Ferner tragen sie die Eigentümlichkeit an sich, dass sie ihre Zuflüsse vorzüglich von E her erhalten, keine von W, weil, wie schon oben bemerkt, jedes nach E gelegene Moränensystem sich terrassenförmig über das benachbarte westliche erhebt. Dasselbe gilt auch von allen anderen kleineren Bächen, welche nach kurzem westlichen Laufe in das Meer fallen; sie entspringen in Wäldern der letzten oder Strand-Terrasse und durchbrechen nur die Dünenkette. Unter diesen Küstenbächen sei noch des sonst in vielfacher Beziehung interessanten Pernigelschen Baches Erwähnung gethan. Er entsteht aus mehreren Quellbächen, die in der südlichen Fortsetzung des Wetterthales, der eine Teil von N, der andere von S herkommend, sich vereinigen, als Pernigel-Bach die letzte Terrasse durchbrechen und beim Lawer-Gesinde münden.

Verfolgen wir, von den bereits erwähnten Terrassen ausgehend, das weitere Ansteigen des Landes und die Terrassenbildung in das Innere hinein, so können wir — stets in unserem begrenzten Florengebiete bleibend — noch weitere Wellensysteme erkennen, die gleichfalls in ihrem Streichen die NNW—SSE-Richtung einhalten, die aber häufiger durch Querthäler und Flussdurchbruchstellen unterbrochen werden. Auch hier ist es besonders ein Flusssystem, welches mit seinen zahlreichen Zuflüssen die Längenthäler durchfurcht. Die Strombahn ist hier aber nach S gerichtet und alle hier vereinigten Bäche ergiessen sich unterhalb der Lighat-Mündung unter dem Namen Brasle oder Brassel in die Aa. Die Quellbäche des Hauptflusses kommen aus den Eckschen Wäldern herab und vereinigen sich mit dem von W her kommenden Abfluss des Cadferschen Sees. Als starker Bach und später als Fluss durchströmt er die Gebiete von Cadfer, Ubbenorm, Roperbeck, Wainsel, Würtzenberg, Rosenbeck, Klein- und Gross-Roop und Inzeem und nimmt von E bei Wainsel den von N kommenden Abfluss des Ranke- oder Waldensees, die Skaust-uppe, von W bei Althof den Abfluss des Saarumschen Sees und unterhalb der alten Poststation Roop den Abfluss des Idselschen Sees auf.

Die Seen, welche in der Vegetation ihrer Ufer und den angrenzenden Wiesen einen integrierenden Bestandteil der Flora dieses Gebiets ausmachen, haben ihre Betten gleich den fliessenden Gewässern in den Längsthälern und liegen oft wie Perlen an der Schnur einer hinter dem anderen. Sie haben entweder nur einen Abfluss, oder werden von Bächen und Flüssen durchströmt. Sie sind bereits oben bei Betrachtung der fliessenden Gewässer fast sämtlich aufgezählt worden und bedürfen daher hier keiner besonderen Schilderung. Erwähnenswert sind nur noch zwei kleinere, im W. von Lemsal gelegene Seen, der Mell-Esar und der Mais-Esar, welche insofern bemerkenswert sind, als an ihren Ufern oder in ihrer Nähe sich eine reiche, durch viele Standorte seltenerer Pflanzen ausgezeichnete Flora findet.

Spezieller Teil.

Wenn wir uns jetzt der floristischen Betrachtung unseres Gebiets zuwenden, so möchte ich den früheren, in allen baltischen Lokalfloren üblichen Gang einer blossen Beschreibung und Aufzählung der Pflanzen-Gesellschaften, wie man sie etwa auf einem botanischen Spaziergange in verschiedener Zusammensetzung und Aufeinanderfolge antrifft, verlassen und einen etwas wissenschaftlicheren Weg einschlagen. Nicht die blosse floristische Beschreibung der einzelnen Lokalitäten bei vorausgegangener topographischer Übersicht des Gebiets, ebenso wenig ein trockener statistischer Vergleich der numerischen Florenverhältnisse, giebt uns ein im Zusammenhange zu erfassendes pflanzengeographisches Bild von der Flora eines Orts, sondern, wie ich glaube, der Vergleich der Florenelemente nach ihrer Vergesellschaftung, also der Vegetations-Formationen und ferner der Vergleich der Regionen eines Gebiets unter einander. Haben wir eine Summe solcher Vergleiche aller Lokalfloren, so lassen sich aus diesen erst allgemeingiltige pflanzengeographische Daten ableiten.

In einem so kleinen Florengebiete freilich lassen sich nur schwer Regionen feststellen, doch ist es für die Flora der Umgebung Lemsals weniger schwierig gewesen wenigstens zwei in sich abgegrenzte Florenbezirke zu finden, als es an anderen Orten des Baltikums der Fall sein dürfte. Es berühren sich hier in der That, wie schon gezeigt, zwei Gegensätze in der Verteilung der Florenelemente verschiedener Einwanderungszeiten, welche jeder für sich einen mehr oder weniger geschlossenen floristischen Charakter beanspruchen: Das Binnenland, als Moränenlandschaft durch Gletscherthätigkeit, und der Strand, als moderne Neubildung durch Wind- und Wellenthätigkeit, schliessen in ihren spezifischen Charakterpflanzen sich gegenseitig aus, wiewohl beide in dem Übergangsgebiete, in der Strandniederung, mit ihren Florenelementen in Mischung treten. Aus diesem Grunde erscheint es geboten, im Nachstehenden beide einer getrennten Betrachtung zu unterziehen.

Aber auch innerhalb dieser beiden Bezirke, des Strandes und des Binnenlandes, machen sich Verschiedenheiten unter den Florenelementen selbst geltend, und es muss daher auch diesen Verhältnissen Rechnung getragen werden. Die Repräsentanten unserer baltischen Flora sind entweder einzeln oder in geschlossenen Gruppen zum grössten Teile selbstständig zu verschiedenen Zeiten zu uns eingewandert, oder sie sind durch Menschen und Tiere oder durch andere Ursachen eingeschleppt und bei uns eingebürgert worden. Die selbstständige Einwanderung erfolgte unter dem Einflusse von geologischen Ereignissen, welche unser Land postglazial betrafen und dadurch klimatische Änderungen in demselben veranlassten. Mit dem Klimawechsel fand auch ein Wechsel in der Besiedelung der Florenelemente statt, denn neue geologische und klimatische Wandlungen liessen frühere Florengruppen bis auf einige wenige Reste, die als sogenannte Reliktenpflanzen auf uns gekommen sind, verschwinden, um neuen Gruppen günstige Verhältnisse zur Ansiedlung darzubieten. Alle diese Florenelemente, die nach ihrer relativen Einwanderungszeit und Aufeinanderfolge arktische, subarktische (alpine), boreale, atlantische, subboreale und subatlantische genannt werden, wollen wir als geologische zusammenfassen und den anderen durch Einschleppung bei uns eingebürgerten, den historischen, gegenüber halten. Letztere haben, wie schon erwähnt, besonders durch den Menschen und dessen Kultur bei uns sich das Bürgerrecht erworben, und deren Zahl ist noch stetig im Wachsen begriffen, wie eine stattliche Reihe von neuen Verwilderungen, welche in dieser Abhandlung aufgeführt sind, beweist.

Die historischen Florenelemente oder Synanthropen, wie ich sie bereits an a. O. genannt habe, besiedeln zumeist alle Kulturorte im weitesten Sinne des Wortes, wie Äcker, Gärten, Waldrodungen, Viehweiden, Gräben, Wege u. s. w. Sie kämpfen lebhaft mit den postglazialindigenen, den geologischen Florenelementen, um den Platz und um das Dasein, und an solchen Orten finden wir mit ihnen stets einheimische vergesellschaftet. Bleibt einmal ein kultiviertes Bodenstück sich selbst überlassen, so zeigt es sich, dass die indigene Flora im Kampfe um den Platz stärker ist, als die advene und dass sie die fremden Eindringlinge allmälig verdrängt. Aber der Mensch schafft ihnen immer wieder neuen Nährboden, so dass sie, solange des Menschen Kulturarbeit bei uns währt, wohl von Anbeginn die Begleiter seiner Bodenarbeit gewesen sind und sich durch neue Ankömmlinge in der Folgezeit verstärkt haben. Oft kämpft der Mensch selbst schwer und vergeblich gegen die Unkräuter seiner Felder und sieht, wie diese Zigeuner unter den Pflanzen alle seine Mühe vernichten. Die eingebürgerten Fremdlinge, meist Geschenke des Südostens, wie z. B. die gefürchtete Zackenschote, *Bunias orientalis L*, bedürfen aber als Kinder südlicherer und wärmerer Erdstriche zu ihrem Gedeihen eines trockenen, gelockerten und warmen Bodens und besiedeln daher mit Vorliebe die Äcker, weil diese Bodenform ihnen das geeigneteste Substrat und die günstigsten Bedingungen zu ihrer Existenz gewährt.

Auch der Meeresstrand hat seine Advenisten oder Ankömmlinge, welche zwar nicht eigentliche Strandpflanzen sind, welche sich aber zu dem von Wellen und Wind aufgelockerten Sand- und Geröllboden ebenso verhalten, wie die Synanthropen zu dem Kulturboden. Sie sind daher auch hier als Strand-Ruderalpflanzen von den eigentlichen Strandbewohnern, den Halophyten und Dünenpflanzen, gesondert aufgeführt.

I. Vegetations-Formationen des Binnenlandes.
A. Vergesellschaftungen historischer Florenelemente
(Synanthrope Vegetations-Formationen).

Äcker und **Feldränder.** Jede Acker- und Feldform birgt ihre charakteristische Unkraut-Vegetation. So ist die Zwischen-Vegetation der Kartoffel- und Flachsfelder ebenso verschieden von einander, wie die der Cerealien- und Futterfelder. Es ist jedoch im Nachstehenden zwischen den einzelnen Feldformen kein Unterschied in der Pflanzendecke gemacht worden, sondern alle Bewohner derselben sind, wie Rapp sie in der nächsten Umgebung Lemsals beobachtet hat, in der folgenden Aufzählung als Feldbesiedler im allgemeinen aufgeführt worden. Die eingebürgerten Gewächse haben, um sie von den indigenen kenntlich zu machen, ein † vorangestellt erhalten.

Equisetum arvense L.
  a. *ramulosum Rpr.*
    f. *robustum Klge.*
    f. *pyramidatum Klge.*
    f. *obtusatum Klge.*
  b. *agreste Klge.*
    f. *compactum Klge.*
  c. *alpestre Wahlb.*
Eq. pratense Ehrh.
  a *vulgare Klge.*
    f. *arenarium Klge.*
  b. *ramulosum Rpr.*
    f. *erectum Klge.*
    f. *pyramidale Milde.*
Eq. silvaticum L.
  b. *robustum Milde.*

† *Panicum viride L.*
† *Agrostis spica venti L.*
Avena elatior L.
— *flavescens L.*
† — *strigosa Schreb.*
Poa angustifolia L.
Aira flexuosa L.
† *Bromus secalinus L.*
† — *arvensis L.*
† — *mollis L.*
† *Triticum repens L.*
  a. *vulgare Döll.*
  b. *aristatum Döll.*
† *Lolium temulentum L.*
† — *remotum Schrk.*
† *Convolvulus arvensis L.*

† Anchusa officinalis L.
† — arvensis MB.
† Lithospermum arvense L.
† Myosotis arenaria Schrad.
   b. lasiantha Rchb.
   c. multicaulis Rchb.
† — intermedia Lk.
† Solanum nigrum L.
   Veronica serpyllifolia L.
† — arvensis L.
† — verna L.
† — agrestis L.
† Euphrasia Odontites L.
† Mentha arvensis L.
† Lamium incisum W.
† — purpureum L.
† Galeopsis Tetrahit L.
† — speciosa L
† — Ladanum L.
   b angustifolia Ehrh.
   Stachys palustris L.
   Brunella vulgaris L.
† Filago arvensis L.
† Gnaphalium uliginosum L.
   Achillea Millefolium L.
† Anthemis tinctoria L.
† — arvensis L.
† Chrysanthemum Leucanthemum L.
† — inodorum L.
† Centaurea Cyanus L.
† Cirsium arvense Scop.
   b. mite Koch.
   c. horridum Koch.
† Lampsana communis L.
† Sonchus oleraceus L.
† — arvensis L.
   b. uliginosus MB.
   Crepis tectorum L.
† Myosurus minimus L.
† Fumaria officinalis L.
† Sisymbrium Thalianum Gay et Mon.

† Erysimum cheiranthoides L.
   — hieraciifolium L.
   b. strictum Fl. Wett.
† Brassica campestris L.
† Sinapis arvensis L.
   b. orientalis Murr.
† Erophila verna E. Mey.
† Camelina sativa Crtz.
† Thlaspi arvense L.
† Capsella bursa pastoris L.
† Vogelia panniculata Hornm.
† Bunias orientalis L.
† Raphanistrum silvestre Aschs.
† Viola tricolor L.
   b. arvensis Murr.
† Erodium cicutarium L'Hérit.
† Tithymalus helioscopius Scop.
   Rumex Acetosella L.
† Polygonum lapathifolium Ait.
† — nodosum Pers.
   b. incanum Aschers.
† — Persicaria L.
† — aviculare L.
† — Convolvulus L.
† Chenopodium album L.
   b. spicatum Koch.
   c. viride L.
   d. lanceolatum Mühlbg.
† Scleranthus annuus L.
   Sagina procumbens L.
† Spergula arvensis L.
   a vulg. Boengh.
   Spergularia campestris Aschs.
† Cerastium semidecandrum L.
   — caespitosum Gil.
† Gypsophila muralis L.
† Agrostemma Githago L.
† Sedum purpureum L.
   — acre L.
† Trifolium arvense L.
† — hybridum L.

Trifolium repens L.
† Vicia hirsuta Koch.
† — sativa L.

† Vicia angustifolia All.
  a. segetalis Thuill.
  b. Bobartii Forst.

An Feldrändern durch Exkremente deponiert:

† Ribes Grossularia L.
Rubus fruticosus L.
  b. corylifolius Sm.

† Pirus Malus L.
  b. tomentosa Koch.

Trockene Weg- und Grabenränder:

† Poa annua L.
— palustris L.
  a. glabra Döll.
— compressa L.
Festuca ovina L. cum var.
— rubra L.
  b. villosa Koch.
† Cynosurus cristatus L.
Carex muricata L.
Juncus compressus Jacq.
— bufonius L.
† Linaria vulgaris Mill.
Thymus Chamaedrys Fr.
Plantago major L.
— media L.
† Knautia arvensis Coult.
Campanula rotundifolia L.
  b. tenuifolia Hoffm.
— glomerata L.
  b. elliptica Kit.
† Chrysanthemum suaveolens Aschs.
† Centaurea Scabiosa L.
— Jacea L.
† Lappa officinalis All.
† — glabra Lmk.
† — tomentosa L.

† Carduus crispus L.
† Cirsium lanceolatum L.
† Cichorium Intybus L.
Taraxacum officinale L.
† Geranium pratense L.
† Malva neglecta Wallr.
† Polygonum aviculare L.
  b. monspeliense Thiéb.
† Chenopodium glaucum L.
† Albersia Blitum Kth.
Spergularia campestris Aschs.
Dianthus deltoides L.
† Ribes Grossularia L.
† Carum Carvi L.
Pimpinella Saxifraga L.
  b. nigra W.
Heracleum Sphondylium L.
Peplis Portula L.
Epilobium montanum L.
  b. collinum Gmel.
† Agrimonia Eupatoria L.
† Geum strictum Ait.
Potentilla argentea L.
— anserina L.
† Medicago lupulina L.

Grasplätze:

Phleum pratense L.
Alopecurus pratensis L.
† Poa annua L.

Poa palustris L.
  a. glabra Döll.
— compressa L.

† Cynosurus cristatus L.
‡ Bromus inermis Leyss.
† — mollis L.
  Juncus compressus Jacq.
  Veronica serpyllifolia L.
‡ Knautia arvensis Coult.
  Campanula rapunculoides L.
† Tragopogon pratensis L.
   b. orientalis L.

† Capsella bursa pastoris L.
† Geranium pusillum L.
† — pratense L.
‡ Polygonum minus Huds.
  Dianthus deltoides L.
† Stellaria media Cirill.
† Medicago lupulina L.

Viehweiden. Neben anderen Pflanzen:

  Carex leporina Rth.
† Lycopus europaeus L.
† Polygonum Hydropiper L.

† Bidens tripartitus L.
† — cernuus L.
  Spergularia campestris Aschs.

Gärten in und bei Lemsal:

† Panicum viride L.
  Alopecurus arundinaceus Poir.
  Poa nemoralis L.
   f. montana Gaud.
† Bromus inermis Leyss.
  Carex paniculata L.
  — divulsa Good.
  — muricata L.
† Gagea minima Schult.
   silvatica Loud.
† Tulipa silvestris L. (verw.).
† Convolvulus sepium L.
† Datura Stramonium L.
† Verbascum Thapsus L.
† Veronica agrestis L.
  Euphrasia Odontites L.
† Elsholzia Patrinii Grke.
† Nepeta Cataria L.
† Lamium album L.
† Leonurus Cardiaca L.
  Campanula rapunculoides L.
  — Trachelium L.
   b. dasycarpa Koch.
† Chrysanthemum Chamomilla Bernh.
† Lampsana communis L.

† Cichorium Intybus L.
† Carduus crispus L.
  Crepis mollis Aschs.
† Sonchus arvensis L.
† Chelidonium majus L.
† Fumaria officinalis L.
† Sisymbrium officinale Scop.
† — Sophia L.
† Berteroa incana DC.
† Capsella bursa pastoris L.
† Malva neglecta Wallr.
† Geranium pratense L.
† — pusillum L.
† Chenopodium album L. cum var.
† Atriplex patulum L.
† — hortense L. (verw.).
† Albersia Blitum Kth.
† Stellaria media Ciril.
† Urtica urens L.
† — dioica L.
† Aethusa Cynapium L.
† Pastinaca sativa L.
  Chaerophyllum aromaticum L.
† Geum urbanum L.
† — strictum Ait.

Gemüsegärten:
† *Solanum nigrum* L.
† *Datura Stramonium* L.
  Euphrasia Odontites L.
† *Lamium amplexicaule* L.
† — *purpureum* L.
† — *album* L.
† *Galeopsis Tetrahit* L.
† — *speciosa* L.
  Taraxacum officinale L.
† *Sonchus oleraceus* L.
†   *asper* Mavr.

† *Sonchus arvensis* L.
† *Fumaria officinalis* L.
† *Sisymbrium Sophia* L.
† *Chenopodium album* L.
  b. *spicatum* Koch.
  c. *viride* L.
  d. *lanceolatum* Mühlbg.
† — *glaucum* L.
† *Atriplex patulum* L.
† *Albersia Blitum* Kth.
† *Pastinaca sativa* L.

Parks:
Poa nemoralis L.
  f. *montana* Gaud.
† *Verbascum Thapsus* L.
† *Lamium album* L.
  Campanula rapunculoides L.
† *Lampsana communis* L.
† *Tragopogon pratensis* L.
  b. *orientalis* L.
  Taraxacum officinale L.
† *Aquilegia vulgaris* L.
† *Berberis vulgaris* L.

† *Chelidonium majus* L.
† *Geranium pusillum* L.
† *Amaranthus retroflexus* L.
† *Stellaria media* Cir.
  Melandrium rubrum Grke.
  Aegopodium Podagraria L.
† *Aethusa Cynapium* L.
  Anthriscus silvestris L.
  Chaerophyllum aromaticum L.
† *Geum urbanum* L.
†   *strictum* L.

Schlossruinen bei Lemsal und Wainsel. Ausser einer Menge indigener und Ruderalpflanzen sind hier besonders hervorzuheben:

  Equisetum pratense Ehrh.
† *Hyoscyamus niger* L.
† *Nepeta Cataria* L.
† *Leonurus Cardiaca* L.
  Primula officinalis Jcq.

  Ribes alpinum L.
† *Conium maculatum* L.
  Rosa Cinnamomea L.
† *Fragaria moschata* Duch.

Lettischer Kirchhof bei Lemsal:
  Equisetum pratense Ehrh.
  Digraphis arundinacea Trin.
†   b. *picta* L. (verw.).
† *Panicum viride* L. (Maner).
  Aira flexuosa L.
  Poa palustris L.
  a. *glabra* Döll.
  b. *scabriuscula* Döll.

† *Bromus inermis* Leyss.
† *Triticum repens* L.
  c. *caesium* Presl.
  Carex ericetorum Poll.
† *Hemerocallis flava* L. (verw.).
† *Lilium Martagon* L. (verw.).
† *Iris germanica* L.
† *Polemonium coeruleum* L. (verw.).

† Syringa vulgaris L. (verw.).
† Evonymus europaeus L. (verw.).
† Knautia arvensis Coult.
† Stenactis annua Nees (verw.).
† Bellis perennis L. (verw.).
† Artemisia Abrotanum L. (verw.).
† Anthemis tinctoria L.
† Chrysanthemum Chamomilla Bernh.
† Tanacetum vulgare L.
† — Balsamita L. (verw.).
 Senecio Jacobaea L.
† Calendula officinalis L. (verw.).
 Crepis tectorum L.
  b. segetalis Rth. (Mauer).
 Hieracium umbellatum L.
  b. coronopifolium Bernh.
† Anagallis arvensis L.
† Aconitum variegatum L. (verw.).
†   Napellus (verw.).
† Delphinium elatum L. (verw.).
† Aquilegia vulgaris L. (verw.).

† Hesperis matronalis (verw.).
† Cochlearia Armoracia L. (verw.).
 Viola tricolor L.
  a. vulgaris Koch.
 Salix Caprea L.
† Malva Alcea L. (verw.).
† — moschata L. (verw.).
† — silvestris L. (verw.).
† Lavatera thuringiaca L. (verw.).
 Herniaria glabra L. (Mauer).
† Dianthus plumarius L. (verw.).
† Saponaria officinalis L. (verw.).
 Silene venosa Aschs.
† Sempervivum soboliferum Sims.
  (verw.).
† Sedum purpureum Lk. (verw.).
† — maximum.
† Pastinaca sativa L.
† Oenothera biennis L. (verw.).
 Rosa Cinnamomea L.
† Lupinus hirsutus L. (verw.)

Auf dem alten **russischen Kirchhofe** sind ausser anderen Pflanzen zwei Verwilderungen bemerkenswert:

† Ornithogalum umbellatum L.
† Helianthus annuus L.

Auf **Ruderalplätzen** sind gemein:

† Anchusa officinalis L.
† Cichorium Intybus L.

† Sisymbrium officinale Scop.
† — Sophia L.

An **Zäunen, Hecken** und **Mauern** sind häufig:

 Symphytum officinale L.
† Elssholzia Patrinii Gke.

† Trit. repens L. v. caesium Presl.
† Melandrium album Gke.

Auf **Höfen** von Gütern sind unter anderen verbreitet:

† Hyoscyamus niger L.
† Verbascum Thapsus L.
† Lamium amplexicaule L.
† Geum strictum Ait.

† Geranium pusillum L.
† Malva neglecta Wall.
† Conium maculatum L.

Der besseren Übersicht wegen sind nachstehend sämtliche Verwilderungen, sowohl die zufällig einmaligen, als auch die eingebürgerten neuesten Datums, welche in der Flora der Umgebung Lemsals von Rapp und von mir beobachtet sind, zusammengestellt worden. Die ersteren, meist Flüchtlinge aus Blumen- und Gemüsegärten, sind, wie auch im Pflanzenverzeichnisse, in besonders fortlaufender, aber mit einer Klammer versehenen Numeration aufgeführt, die anderen, welche wir schon als eingebürgert betrachten müssen, haben die ihnen im Pflanzenverzeichnisse zugehörige Zahl erhalten.

(1). *Phalaris canariensis* L. In einer Strasse Lemsals.
25. *Digraphis arundinacea* Trin. In der Var. b. *picta* L. auf dem lettischen Kirchhof und in Gärten verw.
28. *Panicum crus galli* L. Strandgärten.
45. *Avena elatior* L. Mit Timothy angesäet.
48. — *flavescens* L. Desgl.
24. *Oryza clandestina* A. Br. Ballastpflanze.
(2). *Briza minor* L. Gärten.
(3). *Tulipa silvestris* L. Gärten.
(4). *Hemerocallis flava* L. Lettischer Kirchhof.
(5). *Ornithogalum umbellatum* L. Alter russischer Kirchhof.
(6). *Allium Schoenoprasum* L. Gärten.
(7). *Iris germanica* L. Kirchhöfe.
(8). *Borrago officinalis* L. Gärten.
(9). *Linaria Cymbalaria* Dill. Hof von Frl. Poresch.
254. *Elssholzia Patrinii* Grke. Gärten, Zäune.
(10). *Sambucus nigra* L. Gärten.
(11). *Syringa vulgaris* L. Lettischer Kirchhof.
(12). *Stenactis annua* Nees. Gärten, lettischer Kirchhof.
314. *Erigeron canadensis* L. Äcker, Ruderalplätze.
(13). *Bellis perennis* L. Gärten, lettischer Kirchhof.
(14). *Inula Hellenium* L. Bauergärten.
(15). *Helianthus annuus* L. Russischer Kirchhof.
(16). *Artemisia Abrotanum* L. Lettischer Kirchhof.
335. *Chrysanthemum vulgare* Bernh. Lettischer Kirchhof.
(17). — *majus* Aschs. (*Tanacetum Balsamita* L.). Lettischer Kirchhof.
336. — *Chamomilla* Bernh. Gärten.
337. — *suaveolens* Aschs. Landstrassen.
(18). *Calendula officinalis* L. Lettischer Kirchhof.
(19). *Centaurea montana* L. Gärten.
(20). *Nigella damascena* L. Gärten.
(21). *Delphinium elatum* L. Lettischer Kirchhof.
(22). *Aconitum variegatum* L. Lettischer Kirchhof.
(23). — *Napellus* L. Ebenda.

(24). *Papaver Rhoeas* L. Gärten.
(25). — *somniferum* L. Gärten.
442. *Berberis vulgaris* L. Parks, Kirchhöfe.
(26). *Hesperis matronalis* L. Lettischer Kirchhof.
(27). *Cochlearia Armoracia* L. Gärten, lettischer Kirchhof.
(28). *Viola odorata* L. Gärten.
(29). *Malva Alcea* L. Lettischer Kirchhof.
(30). — *moschata* L. Ebenda.
(31). — *silvestris* L. Ebenda.
(32). *Lavatera thuringiaca* L. Ebenda.
542. *Atriplex hortense* L. Die Hauptform in Gärten verwildert; die Var. am Meeresstrande quasi spontan.
543. *Amaranthus retroflexus* L. Gärten.
(33). *Dianthus plumarius* L. Lettischer Kirchhof.
(34). *Saponaria officinalis* L. Ebenda.
(35). *Silene Armeria* L. Gärten.
593. *Ribes Grossularia* L. An Wegen.
(36). *Levisticum officinale* Koch. Gärten.
633. *Oenothera biennis* L. In Gärten und Kirchhöfen verwildert; auf den Dünen quasi spontan.
636. *Pirus Malus* L. Feldränder.
668. *Trifolium hybridum* L. Gebaut und überall an Wegerändern und auf Wiesen eingebürgert.
(37). *Lupinus hirsutus* L. Lettischer Kirchhof.

Auf diese Aufzählung ist noch mit einigen Worten einzugehen. Man wird fragen, weshalb z. B. *Erigeron canadensis* L., *Oenothera biennis* L. und *Chrysanthemum suaveolens* Aschs. als quasi spontane Gewächse in dem Verzeichnisse aufgenommen sind und dagegen *Bellis perennis* L., *Calendula officinalis* L. und *Dianthus plumarius* L. nur als zufällige Verwilderungen. Und mit einem gewissen Rechte wird man so fragen dürfen, da die drei ersteren aus anderen Weltteilen stammend (*Erigeron* und *Oenothera* aus Nordamerika und *Chrys. suaveol.* aus Ostasien; letztere erst 1860 zum ersten Male bei Dorpat beobachtet worden) vor unseren Augen eingewandert sind und die drei letzteren in Europa heimisch seit dem vorigen Jahrhundert als zu unserer Flora gehörig betrachtet werden. Darauf ist aber zu antworten, dass die drei ersteren Arten, obgleich der Flora anderer Erdteile angehörend, sich bei uns trotz ihrer ersten Verschleppung durch ihre selbstständige und rapide Verbreitung das volle Bürgerrecht erworben haben, während die drei anderen Arten in jedem Falle nachweisbar nur Gartenflüchtlinge sind. Bei den eben angezogenen Beispielen war es nicht schwer die Entscheidung über die Zugehörigkeit als eingebürgertes oder zufällig verwildertes Element zu unserer Flora zu treffen, aber häufig ist es nicht möglich eine Grenze zwischen solchen synanthropen Gewächsen einzuhalten, welchen man das Bürgerrecht erteilen oder welchen man es noch vorenthalten soll. Darüber kann erst das fernere Verhalten des Gewächses zu unserer Flora sowie die fortgesetzte Beobachtung desselben entscheiden. Die historischen Florenelemente bilden aber einen bedeutenden und wichtigen Bestandteil unserer heimischen Flora, welchen man bisher nur zu wenig Beachtung entgegengetragen hat. Würde man z. B. sämtliche historischen Florenelemente in Ausfall bringen und die geologischen allein als Florenbestandteile gelten lassen, so müssten wir aus unseren Pflanzenverzeichnissen manche als bisher durchaus heimisch betrachtete Pflanze streichen, und die Gesamtzahl unserer Phanerogamen-Arten würde fast auf zwei Drittteile reduziert werden.

B. Vergesellschaftungen geologischer Florenelemente.

1. Vegetation der Gewässer.

Flottierende und **amphibiöse Gewächse** der beiden Lemsaler Seen:

Lemna trisulca L.
— minor L.
— polyrrhiza L.
Potamogeton natans L.
— perfoliatus L.
— lucens L.
— pusillus L. v. tenuissimus.
— pectinatus L.
Stratiotes aloides L.
Hydrocharis morsus ranae L.

Ceratophyllum demersum L.
Nymphaea alba L.
a. candida Presl.
Nuphar luteum L.
Ranunculus divaricatus Schrk.
Polygonum amphibium L.
a. natans Mnch.
Myriophyllum spicatum L.
Callitriche stagnalis Scop.

Häufige Uferpflanzen der beiden Seen:

Equisetum Helcocharis Ehrh.
  a. limosum L.
  b. fluviatile L.
Arundo Phragmites L.
Alopecurus geniculatus L.
Glyceria fluitans R. Br.
Carex vesicaria L.
Scirpus paluster L.
— lacuster L. v. Brayi Hoppe.
Typha latifolia L.
— angustifolia L.

Acorus Calamus L.
Alisma Plantago L.
Veronica Beccabunga L.
Menyanthes trifoliata L.
Eupatorium cannabinum L.
Lysimachia thyrsiflora L.
Caltha palustris L.
Rumex Hydrolapathum Huds.
— aquaticus L.
Cicuta virosa L.
Sium latifolium L.

Das **Ufergebüsch**, insbesondere der beiden Seen, wird gebildet von:

Viburnum Opulus L.	*Lysimachia vulgaris L.*
Alnus glutinosa Gaertn.	*Thalictrum flavum L.*
— *incana DC.*	*Lythrum Salicaria L.*
Valeriana officinalis L.	*Epilobium parviflorum Schreb.*

Am **Ufer** des Duhne-Esar beim **Matschin-Gesinde** sind hervorzuheben:

Carex gracilis Curt.	*Sparganium ramosum Huds.*
b. *strictifolia Opitz.*	*Iris Pseudacorus L.*
c. *prolixa Fr.*	*Butomus umbellatus L.*
Carex limosa L.	

Am **Ufer** des Duhne-Esar beim **Bratsch-Gesinde:**

Equisetum Heleocharis Ehrh.	*Carex disticha Huds.*
f. *aphyllum Rth.*	— *spadicea Rth.*
Aspidium Thelypteris Sw.	— *paradoxa W.*
— *cristatum Sw.*	— *diandra Rth.*
Carex gracilis Curt.	*Sagittaria sagittaefolia L.*
b. *strictifolia Opitz.*	*Orchis incarnata L.*
c. *prolixa Fr.*	*Valeriana officinalis L.*
— *filiformis L.*	*Veronica longifolia L.*
— *Pseudocyperus L.*	*Stellularia crassifolia Ehrh.*

Am **Nordufer** des Leel-Esar:

Graphephorum arundinaceum Aschs.	*Ranunculus Lingua L.*
Sagittaria sagittaefolia L.	

Am **Ufer** des Leel-Esar beim **Urrax-Gesinde:**

Aspidium Thelypteris Sw.	*Utricularia intermedia Hayne.*
Onoclea Struthopteris Hoffm.	*Lycopus europaeus L.*
Calamagrostis neglecta Fr.	*Thalictrum flavum L.*
Carex paniculata L.	*Stellularia crassifolia Ehrh.*
Calla palustris L.	*Trifolium hybridum L.*
Veronica longifolia L.	

An **Viehtränken** der beiden Seen:

† *Bidens tripartitus L.*	*Veronica Beccabunga L.*
† — *cernuus L.*	† *Ranunculus sceleratus L.*
b. *radiatus DC.*	— *repens L.*
† *Lycopus europaeus L.*	

An und in **Torflöchern** und **Tümpeln** um Lemsal:

Equisetum Heleocharis Ehrh.
f. leptocladum Döll.
Catabrosa aquatica PB.
Potamogeton obtusifolius M. et K.
pectinatus L.
— pusillus L. v. tenuissimus.
— compressus L.

Hydrocharis morsus ranae L.
Sagittaria sagittaefolia L.
Eupatorium cannabinum L.
Ceratophyllum demersum L.
Hipparis vulgaris L.
Callitriche verna L.

In der **Mühlenstauung** bei Wainsel finden sich:

Carex Pseudocyperus L.
Stratiotes aloides L.
Hottonia palustris L.
Hipparis vulgaris L.

Ranunculus Lingua L.
— divaricatus Schrk.
Cicuta virosa L.

Im **Juhgebach** bei Wainsel als einziges Vorkommen:

Potamogeton polygonifolius Pourret.

Feuchte und nasse **Gräben** und deren Ränder:

Equisetum palustre L.
 a. verticillatum Klge.
 f. longeramosum Klge.
 c. simplex Milde.
 f. tenue Döll.
 d. caespitosum Klge.
Equisetum Heleocharis Ehrh.
 a. limosum L.
 f. aphyllum Rth.
 f. intermedium Klge.
 b. fluviatile L.
 f. brachycladum Döll.
Digraphis arundinacea Trin.
Alopecurus geniculatus L.
— pratensis L.
— fulvus L.
Catabrosa aquatica P. B.
Glyceria fluitans R. Br.
— aquatilis Whlbg.
Carex vulpina L.
Scirpus silvaticus L.
Sparganium ramosum Huds.

Sparganium simplex Huds.
— minimum Fr.
Juncus communis E. Mey.
 a. effusus L.
 b. conglomeratus L.
— filiformis L.
— lamprocarpus Ehrh.
Calla palustris L.
Potamogeton alpinus Balbis.
— pusillus L.
 a. vulgaris Koch.
Alisma Plantago L.
Myosotis palustris With.
Veronica Anagallis L.
— Beccabunga L.
Bidens tripartitus L.
— cernuus L.
 b. radiatus DC.
Utricularia intermedia Hayne.
Ranunculus aquatilis L.
— Lingua L.
Cardamine amara L.

Salix Caprea L.
  b. sphacellata W.
— depressa L.
Rumex obtusifolius L.
— crispus L.
Polygonum amphibium L.
  b. coenosum Koch.
— Hydropiper L.

Polygonum minus Huds.
Sium latifolium L.
Lythrum Salicaria L.
Epilobium hirsutum L.
— parviflorum Schreb.
— roseum Schreb.
— tetragonum L.

An **Quellen** und quelligen Sumpfstellen finden sich:

Montia fontana L.
  b. minor DC.

Stellularia uliginosa Murr.
— crassifolia Ehrh.

2. Vegetation der Moore und Wiesen.

Die **Moosmoore** enthalten:

Eriophorum vaginatum L.
Scheuchzeria palustris L.
Rhynchospora alba Vahl.
Ledum palustre L.
Calluna vulgaris Salisb.
Andromeda polifolia L.

Vaccinium uliginosum L.
— Oxycoccus L.
Empetrum nigrum L.
Drosera rotundifolia L.
— anglica Huds.
Rubus Chamaemorus L.

Die **Randzone** der Moosmoore ist zusammengesetzt von:

Carex dioica L.
— chordorrhiza Ehrh.
— limosa L.
Rhynchospora alba Vahl.
Eriophorum alpinum L.
— polystachium L.

Menyanthes trifoliata L.
Scheuchzeria palustris L.
Betula pubescens Ehrh.
— humilis Schrk.
Thysselinum palustre Hoffm.

In **Sümpfen***) finden sich:

Equisetum Heleocharis Ehrh.
  a. limosum L.
    f. uliginosum Mühlenb.
Carex vesicaria L.
Scirpus paluster L.
Iris Pseudacorus L.

Eriophorum vaginatum L.
— polystachium L.
Myosotis palustris With.
Menyanthes trifoliata L.
Comarum palustre L.

Die **Wiesen** des Binnenlandes bilden gewöhnlich einen schmalen Streifen zwischen den Anhöhen und Sümpfen und Wasserausbreitungen

*) Man vergleiche weiter unten: „Waldsumpf im Dünenwalde des Kürbis-Strandes".

und bieten daher an manchen Stellen eine grössere Mannigfaltigkeit, als es sonst auf ausgedehnteren Wiesenstrecken der Fall ist; die Vegetation derselben wird vorherrschend von nachstehenden Pflanzen gebildet, welche auch in anderen Vegetations-Formationen auftreten können:

Equisetum arvense L.
  f. *pyramidatum* Klge.
Equisetum pratense Ehrh.
— *palustre* L.
  a. *verticillatum* Klge.
    f. *breviramosum* Klge.
    f. *pauciramosum* Bolle.
  b. *polystachium* Vill.
    f. *racemosum* Milde.
  c. *simplex* Milde.
    f. *nudum* Duby.
  d. *caespitosum* Klge.
Aspidium cristatum Sw.
Anthoxanthum odoratum L.
Hierochloa odorata Whlbg.
Nardus stricta L.
Phleum pratense L.
Alopecurus pratensis L.
— *geniculatus* L.
— *fulvus* L.
Agrostis polymorpha Huds.
— *canina* L.
Calamagrostis neglecta Fr.
Avena pratensis L.
— *pubescens* L.
Aira caespitosa L.
— *flexuosa* L.
Sieglingia decumbens Bernh.
Sesleria coerulea Ard.
Arundo Phragmites L.
Molinia coerulea Mnch.
Briza media L.
Dactylis glomerata L.
Poa annua L.
— *pratensis* L.
  a. *vulgaris* Döll.
  b. *angustifolia* L.

Festuca elatior L.
  b. *pseudololiacea* Fr.
Cynosurus cristatus L.
Carex Davalliana Sm.
— *pulicaris* L.
— *chordorrhiza* Ehrh.
— *disticha* Huds.
— *vulpina* L.
— *paradoxa* W.
— *paniculata* L.
— *diandra* Rth.
— *echinata* Murr.
— *elongata* L.
  b. *Gebhardii*.
  c. *heterostachya* Wimm.
— *canescens* L.
— *vitilis* Fr.
— *caespitosa* L.
— *Goodenoughii* Gay.
  b. *juncella* Fr.
  c. *basigyna* Rchb.
  d. *melaena* Wimm.
— *Buxbaumii* Wahlb.
— *verna* Vill.
— *flacca* Schreb.
— *panicea* L.
— *pallescens* L.
— *capillaris* L.
— *distans* L.
— *flava* L.
— *rostrata* With.
— *limosa* L.
— *spadicea* Rth.
Scirpus pauciflorus Lightf.
— *compressus* Pers.
Eriophorum alpinum L.

Eriophorum polystachium L.
  b. elatius Koch.
  c. congestum Koch.
  d. laxum Koch.
— latifolium Hoppe.
Juncus filiformis L.
— compressus Jcq.
— alpinus Vill.
— lamprocarpus Ehrh.
Luzula campestris DC.
Orchis incarnata L.
— maculata L.
Gymnadenia conopea R. Br.
Platanthera bifolia Rchb.
Epipactis palustris Crtz.
Triglochin palustris L.
Myosotis palustris With.
  a. genuina Aschs.
  b. strigulosa Rchb.
    f. laxiflora Rchb.
Veronica longifolia L.
  a. vulgaris Koch.
  b. maritima L.
  c. ciliaris Hoffm.
  d. quadrifolia Schrk.
Euphrasia officinalis L.
  a. pratensis Fr.
Alectorolophus major Rchb.
— minor Wimm. et Grab.
  b. fallax W. et Gr.
Pedicularis palustris L.
— Sceptrum Carolinum L.
Melampyrum nemorosum L.
— pratense L.
Mentha arvensis L.
Plantago media L.
— lanceolata L.
Valeriana officinalis L.
† Knautia arvensis Coult.
Succisa praemorsa Aschs.

Cirsium heterophyllum All.
  b. indivisum DC.
— palustre Scop.
Leontodon autumnalis L.
  a. vulgaris auct.
  b. pratensis Koch.
— hispidus L.
  a. vulgaris Koch.
  b. hastilis L.
Scorzonera humilis L.
  b. lanata Schrenk.
  c. plantaginea Schleich.
  d. macrorrhiza Schleich.
Pinguicula vulgaris L.
Primula farinosa L.
Ranunculus Flammula L.
  b. gracilis G. Mey.
— auricomus L.
— acer L.
— repens L.
Caltha palustris L.
Trollius europaeus L.
Nasturtium palustre L.
Barbarea stricta Andrz.
Cardamine pratensis L.
Parnassia palustris L.
Viola palustris L.
  a. vulgaris auct.
  b. epipsila Led.
— canina L.
  b. ericetorum Schrad.
— silvatica Fr.
  c. rupestris Schm.
Salix pentandra L.
— nigricans Sm.
— cinerea L.
  b. aquatica Sm.
— depressa L.
— repens L.
  b. rosmarinifolia Koch.
Rhamnus cathartica L.

Polygala vulgaris L.
— amara L.
Linum catharticum L.
Geranium palustre L.
Rumex Acetosa L.
— Acetosella L.
Polygonum Bistorta L.
Sagina procumbens L.
— nodosa Fenzl.
Stellularia glauca With.
  b. Dilleniana Mnch.
— graminea L.
Cerastium caespitosum Gil.
Coronaria flos cuculi A. Br.
Saxifraga granulata L.
Pimpinella Saxifraga L.
  b. nigra W.

Selinum Carvifolia L.
Angelica silvestris L.
Thysselinum palustre Hoffm.
Epilobium palustre L.
Geum rivale L.
Fragaria vesca L.
Potentilla silvestris Neck.
Alchemilla vulgaris L.
Trifolium pratense L.
— hybridum L.
— montanum L.
— spadiceum L.
— agrarium L.
Vicia Cracca L.
— sepium L.
Lathyrus pratensis L.
— paluster L.

3. Vegetation der Gebüsch-Formation und der bebuschten Abhänge und Anhöhen.

Die **Gebüsche** finden sich in unserem Gebiete vorzüglich an Waldrändern, an trockenen Wiesenstellen, an abgeholzten Abhängen und Anhöhen und auf vor geraumer Zeit aufgegebenen Äckern verbreitet. Sie bergen je nach ihrem trockeneren oder feuchteren Standorte im Allgemeinen folgende Pflanzendecke:

Equisetum arvense L.
  d. boreale Bong.
— pratense Ehrh.
  f. umbrosum Klge.
— silvaticum L.
Onoclea Struthopteris Hoffm.
Hierochloa odorata Wahlbg.
Aira caespitosa L.
Molinia coerulea Mnch.
  b. arundinacea Schrk.
Melica nutans L.
Dactylis glomerata L.
Poa trivialis L.
— pratensis L.
Festuca gigantea Vill.

Carex disticha Huds.
— paniculata L.
— leporina L.
  b. argyroglochin Hornm.
— pallescens L.
— capillaris L.
Luzula pilosa W.
Orchis maculata L.
Polemonium coeruleum L.
Solanum Dulcamara L.
Scrophularia nodosa L.
Linaria vulgaris L.
Veronica Chamaedrys L.
Melampyrum nemorosum L.
† Lycopus europaeus L.

Calamintha Clinopodium L.
Stachys palustris L.
Scutellaria galericulata L.
Gentiana Amarella L.
Galium Aparine L.
— boreale L.
Succisa praemorsa Aschs.
Phyteuma spicatum L.
Erigeron acer L.
Inula salicina L.
Gnaphalium silvaticum L.
Centaurea Jacea L.
  b. livonica Weinm.
Cirsium oleraceum Scop.
Crepis paludosa Much.
Trientalis europaea L.
Lysimachia vulgaris L.
Vaccinium Vitis Idaea L.
Thalictrum aquilegiaefolium L.
Anemone nemorosa L.
Ranunculus Ficaria L.
Cardamine amara L.
  b. hirta W. et Grab.

Cardamine pratensis L.
  b. dentata Koch.
Salix pentandra L.
— amygdalina L.
  b. discolor Koch.
Frangula Alnus Mill.
Impatiens noli tangere L.
Geranium palustre L.
Melandrium rubrum Grke.
Humulus Lupulus L.
Betula pubescens Ehrh.
— humilis Schrk.
Alnus incana DC.
Selinum Carvifolia L.
Thysselinum palustre Hoffm.
Epilobium angustifolium L.
Agrimonia Eupatoria L.
  b. pilosa Led.
Ulmaria pentapetala Gil.
  a. glauca auct.
  b. denudata auct.
Prunus Padus L.
Trifolium montanum L.

Die **bebuschten Halbinseln** der Jungfernhofschen Seen. Eine ausserordentlich interessante Lokalität, sowohl in floristischer, als geologischer Hinsicht, ist Jungfernhof und Umgegend. Eine Thalfurche schneidet in der Richtung von NNW—SSE tief in das Land ein, in welcher sich, wie Perlen an einer Schnur geordnet, eine Reihe von Seen, welche durch Zu- und Abflüsse in Verbindung stehen, liegen. Die Seitenwände des Thales erheben sich hoch und steil ansteigend und sind, besonders die nach W exponierten Hänge, mit prächtigem Laubwalde bedeckt, in welchem sich eine bemerkenswerte, unten speziell aufgeführte Vegetation angesiedelt hat.

Die Thalsohle selbst ist keine gleichförmige Mulde, sondern Bodenwellen von geringer Erhebung durchziehen in der Längsrichtung dieselbe und setzen sich, Halbinseln und Inseln bildend, in die Seen fort. Ihrer Entstehung nach dürften diese stark abgerundeten Sättel zu der Äsar-Bildung gehören und Ablagerung von Gletscherspalten-Schutt darstellen.

Ganz bemerkenswert ist das Äs, welches die beiden nördlichen Parallel-Seen von einander trennt und nur eine einzige Kommunikationsstelle von etwa 10 Schritten zwischen beiden Seen offen lässt. Dieser

Geröllrücken, meist aus glacialem Blocklehm bestehend, ist an manchen Stellen kaum 10—20, dagegen an anderen, wie besonders an seinem Fusspunkte im S, bis 100 und mehr Schritte breit, so dass Feldwirtschaft auf ihm betrieben wird. Ebenso wie in der Konfiguration wechselnd ist auch das Relief verschieden, indem es sich bald hebt, bald senkt und durch seinen geschlängelten und buckligen Verlauf das Bild eines richtigen Äs liefert. Je nach den Reliefformen wechselt auch die Vegetation und zeigt nicht alle unten angeführten Pflanzen überall in gleichem Maasse verteilt und vergesellschaftet. Ausserdem wird die Verschiedenheit und der Wechsel in der Zusammensetzung der Pflanzendecke noch durch bald schwächere, bald stärkere Bebuschung erhöht. Das Hauptgebüsch wird hauptsächlich von Eichen-Stock- und Wurzelausschlägen gebildet. Dieses See-Äs wird vom Vieh an vielen Stellen beweidet und ist, wie schon bemerkt, an seinem Fusspunkte unter Acker gestellt, was auch auf die Zusammensetzung der Flora von Einfluss durch hin und wieder angesiedelte Synanthropen geworden ist.

Die Verbindungsstelle der beiden Seen wird sich wohl in nächster Zeit schliessen, da die Wellen des nach W gelegenen Sees dorthin allerhand Detritus, besonders Sand tragen und so allmälig den Eingang versperren, und da auf der entgegengesetzten Seite die Verwachsungsmassen des östlichen Sees sich an dieser Uferstelle besonders geltend machen und so der Wellenthätigkeit entgegen arbeiten. In kurzer, aber vorläufig noch nicht absehbarer Zeit werden die beiden Seen völlig getrennt sein und das Äs mit seiner Fortsetzung nach N in direkte Verbindung treten.

Beide Ufer der Halbinsel sind durchschnittlich 2—10 Fuss hoch und meistenteils steil zu den Seen abfallend und werden von den draufstossenden Seewellen in erkennbarer Weise angegriffen und allmälig abgetragen. Trotz des Wind- und Wellenschattens gegen den östlichen See hin finden sich Verwachsungsmassen, wie schon erwähnt, nur bei der mehr am N-Ende der beiden Seen gelegenen Verbindungsstelle. Die Ufer dieser Halbinsel sind beiderseits von einem schmalen Kranze von Schilf und Binsen umsäumt.

Die übrigen nach S gelegenen Ketten-Seen desselben Thales, die während der atlantischen Periode im Verein mit den vorerwähnten Seen nur einen einzigen geschlossenen und langgestreckten See gebildet haben mögen, zeigen dieselbe Bodenwelle durch die Erscheinung von gleichfalls parallel in ihrer Längsrichtung verlaufenden Halbinseln und schmalen Inseln, als nunmehr getrennte Fortsetzungen der Äs-Bildung.

a. Strauchvegetation.

Betula alba L. *Alnus incana DC.*
Alnus glutinosa Gärtn. *Quercus pedunculata Ehrh.*

— 28 —

Corylus Avellana L.
Fraxinus excelsior L.
Salix-Arten.
Populus tremula L.
† Pirus Malus L. (Feldränder).
— Aucuparia Gärtn.

Prunus Padus L.
Frangula Alnus Mill.
Rhamnus cathartica L.
Viburnum Opulus L.
Rosa Cinnamomea L.
Vaccinium Myrtillus L.

b. Bodendecke.

Pteris aquilina L.
Calamagrostis neglecta Fr.
† Poa annua L.
— nemoralis L.
— pratensis L.
Anthoxanthum odoratum L.
 v. umbrosum Bl.
Agrostis-Arten.
Festuca-Arten.
Melica nutans L.
Briza media L.
Aira caespitosa L.
Carex pallescens L.
— Oederi Ehrh.
— caespitosa L.
— Buxbaumii Wahlenb.
Luzula pilosa W.
Majanthemum bifolium Schmidt.
Convallaria majalis L.
Polygonatum anceps Much.
Orchis maculata L.
Platanthera bifolia Rchb.
Myosotis palustris With.
Pulmonaria officinalis L.
Scrophularia nodosa L.
Melampyrum nemorosum L.
— pratense L.
— silvaticum L.
Veronica Chamaedrys L.
— officinalis L.
Rhinanthus major Ehrh.
— minor Ehrh.
Brunella vulgaris L.

Plantago lanceolata L.
Valeriana officinalis L.
Galium Mollugo L.
— boreale L.
— palustre L.
† Knautia arvensis L.
Phyteuma spicatum L.
Campanula persicifolia L.
Inula salicina L.
Solidago virga aurea L.
Gnaphalium dioicum L.
Taraxacum vulgare Schrk.
Scorzonera humilis L.
Chrysanthemum Leucanthemum L.
† Anthemis arvensis L.
Hieracium Pilosella L.
— umbellatum L.
Lysimachia thyrsiflora L.
Pirola rotundifolia L.
Anemone nemorosa L.
Ranunculus acer L.
Thalictrum flavum L.
Barbarea stricta Andrzj.
Hypericum perforatum L.
— quadrangulum L.
Polygala amara L.
Rumex Acetosa L.
Cerastium caespitosum Gil.
Stellaria Holostea L.
— graminea L.
— glauca With.
Coronaria flos cuculi A. Br.
Pimpinella magna L.

Aegopodium Podagraria L.
Thysselinum palustre Hoffm.
Geum rivale L.
Comarum palustre L.
Fragaria vesca L.
Potentilla silvestris Neck.

Ulmaria pentapetala Gil.
Trifolium pratense L.
— repens L.
Vicia Cracca L.
— sepium L.
Lathyrus pratensis L.

c. Sumpfige Einsattelung.

Alopecurus geniculatus L.
Alisma Plantago L.
Veronica Beccabunga L.
† Bidens cernuus L.

Ranunculus repens L.
† — sceleratus L.
Epilobium angustifolium L.
Lythrum Salicaria L.

Die sogenannten Lemsalschen **Schluchten** sind durch Tage- und Frühlingswasser hervorgebrachte, scharf eingeschnittene Querfurchen in die Moräne, also Ravinenspalten, welche teils im Hochsommer trocken oder teils von Quellen bewässert werden. Sie stehen meist unter dichtem Gebüsch, in welchem sich auch grössere Bäume finden, und zeigen in ihrer Pflanzendecke ein buntes Gemisch der verschiedensten Florenelemente. Nur die in jeder „Schlucht" dominierenden Arten sind nachstehend aufgeführt:

a. Bei der russischen Kirche.

Equisetum pratense Ehrh.
   f. umbrosum Klge.
   d. serotinum Milde.
Stellularia uliginosa Murr.
† Turritis glabra L.
Rosa rubiginosa L.

Sparganium simplex Huds.
Callitriche stagnalis Scop.
Salix amygdalina L.
Cardamine amara L.
Viscaria viscosa Aschs.

b. Schluchten beim Pastorate Lemsal.

Equisetum pratense Ehrh.
   c. praecox Milde.
Eq. palustre L.
   a. verticillatum Klge.
     f. breviramosum Klge.
     f. pauciramosum Klge.
   d. simplex Milde.
     f. tenue Döll.
Hierochloa odorata Wahlenb.

Centaurea nigra L.
Primula officinalis Jcq.
Anemone ranunculoides L.
Ranunculus Ficaria L.
Rhamnus cathartica L.
Salix arbuscula L.
— amygdalina L.
Thysselinum palustre Hoffm.

c. Beim deutschen Kirchhof.

Aspidium Filix mas Sw.
Equisetum pratense Ehrh.
Phleum nodosum L.

Poa compressa L.
Möhringia trinervia Clairv.

d. Am Duhne-Esar beim Matschin-Gesinde.

Carex elongata L.
— disticha Huds.
Orchis maculata L.
† Lycopus europaeus L.

Eupatoria cannabinum L.
Cirsium oleraceum Scop.
Crepis mollis Aschs.
Melandrium rubrum Grke.

e. Am Leel-Esar beim Burtneck-Gesinde.

Aspidium Filix mas Sw.
Poa nemoralis L.
Carex muricata L.
 b. virens Lmk.
Origanum vulgare L.

Erigeron acer L.
Herniaria glabra L.
Möhringia trinervia Clairv.
Trifolium montanum L.

Die **trockenen Anhöhen** und **Abhänge** bei Lemsal reihen sich, obgleich sie jetzt häufig der Baum- und Strauch-Vegetation völlig entbehren, hier an, weil sie aus ursprünglich bewaldeten und nachher bebuschten Formationen durch völlige Abholzung hervorgegangen sind. In ihre der Heide-Vegetation ähnliche Pflanzendecke mischen sich auch Synanthropen:

Equisetum pratense Ehrh.
 f. strictum Lacksch.
Botrychium simplex Hitchc.
Phleum pratense L.
 b. nodosum L.
Alopecurus pratensis L.
Carex divulsa Good.
— verna Vill.
Scirpus compressus Pers.
† Cynoglossum officinale L.
† Anchusa officinalis L.
 b. angustifolia Rchb.
† Verbascum Thapsus L.
† nigrum L.
† Linaria vulgaris Mill.
Thymus Serpyllum L.
Calamintha Acinos Clairv.
Jasione montana L.

Campanula rapunculoides L.
Gentiana Amarella L.
Erigeron acer L.
† Filago arvensis L.
Gnaphalium dioicum L.
Senecio Jacobaea L.
Hieracium Pilosella L.
— Auricula L.
— praealtum Vill.
Hypericum perforatum L.
— quadrangulum L.
Polygala vulgaris L.
Herniaria glabra L.
Arenaria serpyllifolia L.
Dianthus deltoides L.
Viscaria viscosa Aschs.
Silene venosa Aschs.
Sedum acre L.

Sempervivum soboliferum Sims. Trifolium agrarium L.
Trifolium montanum L. Lathyrus silvester L.
— repens L.

4. Vegetation des Binnen-Waldes.

Der **Wald** ist in allen Formen vom Nadel-Mischwalde bis zum Laubwalde und vom sumpfigen Laane bis zum trockenen Heidewalde vertreten. Der Mischwald dominiert: während der Laubwald die nach W exponierten Höhen und Hänge besetzt, sucht der trockene Nadelwald die östlichen Abdachungen auf. Es wäre hier der Ort, sämtliche Waldformen in der Zusammensetzung ihrer Bodendecke zu beschreiben, doch das würde zu weit führen, zumal die Waldformen des Strandes unten eingehender behandelt sind. Daher ist die Waldvegetation des Binnenlandes nur im allgemeinen aufgeführt und zwei Beispiele für den Misch- und für den Laubwald angehängt worden:

Equisetum pratense Ehrh.
  f. erubescens Klge.
— silvaticum L.
Pteris aquilina L.
Asplenum filix femina Bernh.
Phegopteris Dryopteris Fée.
Aspidium spinulosum Sw.
  a. elevatum A. Br.
  b. dilatatum Sw.
Lycopodium clavatum L.
— annotinum L.
Anthoxanthum odoratum L.
  b. umbrosum Bl.
Calamagrostis arundinacea Rth.
Aira caespitosa L.
  b. altissima Lmk.
Molinia coerulea Mnch.
  b. arundinacea Schrk.
Melica nutans L.
Dactylis glomerata L.
Poa nemoralis L.
  a. vulgaris Gaud.
— trivialis L.
Carex pilulifera L.
Luzula pilosa W.

Luzula campestris DC.
  b. multiflora Lej.
Paris quadrifolius L.
Convallaria majalis L.
Majanthemum bifolium Schm.
Veronica officinalis L.
Melampyrum nemorosum L.
— pratense L.
— silvaticum L.
Calamintha Clinopodium Clairv.
Nepeta Glechoma Benth.
Fraxinus excelsior L.
Asperula odorata L.
Campanula persicifolia L.
  b. eriocarpa M. et K.
Hieracium pratense Tausch.
Trientalis europaea L.
Pirola rotundifolia L.
Ramischia secunda Gke.
Vaccinium Myrtillus L.
— Vitis Idaea L.
— uliginosum L.
Calluna vulgaris Salisb.
Hepatica triloba Gil.
Anemone nemorosa L.
— ranunculoides L.

Ranunculus cassubicus L.
Viola silvatica Fr.
  b. Riviniana Rchb.
— canina L.
Salix fragilis L.
— Caprea L.
Populus tremula L.
Frangula Alnus Mill.
Acer platanoides L.
Oxalis Acetosella L.
Tilia cordata Mill.
Stellularia Holostea L.
Betula verrucosa Ehrh.
— pubescens Ehrh.
Quercus pedunculata Ehrh.

Corylus Avellana L.
Chrysosplenium alternifolium L.
Ribes rubrum L.
— nigrum L.
Aegopodium Podagraria L.
Angelica silvestris L.
Daphne Mezereum L.
Epilobium angustifolium L.
— montanum L.
Pirus Aucuparia Gärtn.
Rubus Idaeus L.
— saxatilis L.
Potentilla silvestris Neck.
Prunus Padus L.
Fragaria vesca L.

Der **Bruckzeemwald** bei Wainsel beherbergt ausser anderen Pflanzen:

Lycopodium Selago L.
— annotinum L.
Calamagrostis lanceolata Rth.
  b. canescens Aschs.
Sieglingia decumbens Aschs.
Carex pulicaris L.
— paniculata L.
— elongata L.
  c. heterostachya Wimm.
— vaginata Tausch.
— capillaris L.
Sparganium minimum Fr.
Iris pseudacorus L.
Gymnadenia conopea R. Br.
Melampyrum silvaticum L.

Pedicularis sceptrum Carolinum L.
Origanum vulgare L.
Phyteuma spicatum L.
Campanula persicifolia L.
Ramischia secunda Gke.
Thalictrum aquilegiaefolium L.
Viola silvatica Fr.
Hipparis vulgaris L.
Rubus caesius L.
Peplis Portula L.
Sanicula europaea L.
Pimpinella magna L.
Thysselinum palustre Hoffm.
Selinum Carvifolia L.
Daphne Mezereum L.

Der **Laubwald** bei Jungfernhof enthält neben anderen:

Equisetum pratense Ehrh.
  v. umbrosum Klge.
— silvaticum L.
  a. vulgare Klge.
  b. capillare Hoffm.
  d. praecox Milde.
Onoclea Struthopteris Hoffm.

Carex silvatica Huds.
Convallaria majalis L.
Orchis maculata L.
Platanthera bifolia Rchb.
Pulmonaria officinalis L.
Lamium Galeobdolon Crntz.
Stachys silvatica L.

Phyteuma spicatum L.
Campanula Cervicaria L.
Crepis mollis Aschs.
Hieracium pratense Tausch.
Salix aurita L.
— *Caprea* L.
Mercurialis perennis L.

Möhringia trinervia Clairv.
Stellaria nemorum L.
Sanicula europaea L.
Rubus fruticosus L.
  b. *corylifolius* Sm.
— *caesius* L.
— *Idaeus* L.

II. Vegetations-Formationen des Strandes.

Die Topographie des Strandes ist eingangs in ausreichender Weise behandelt worden; es erübrigt hier nur auf das Floristische allein noch mit einigen Bemerkungen einzugehen. Vor allem zeichnet sich der Lemsalsche Strand — ebenso wie alle gradlänigen Küstenstrecken des Ostbaltikums — durch den Mangel an Strandwiesen aus. Sie fehlen daher, weil es an solchen Küsten zu keiner Buchten- und Inselbildung kommt, und weil die Küsten in zu schmaler Zone der direkten Einwirkung des herrschenden Windes ausgesetzt sind. Nur im Windschutze von Inseln und Halbinseln, vorzüglich an Buchten begegnen wir dieser Vegetations-Formation, welche dem Ostbaltikum keineswegs mangelt, und welche z. B. an der Ostküste der Insel Ösel zu besonders schöner Entwickelung und reicher Verbreitung gelangt. Auch hier am Lemsalschen Strande sind wenigstens Andeutungen dieser Bildungen vorhanden, wie wir sie an den grösseren Flussmündungen beobachten können. Dagegen sind hier Wiesenausbreitungen in der Strandniederung, also jenseit des Dünenwalles, oft weite Strecken bedeckend, sehr verbreitet, welche aber von den echten Strandwiesen der Ostseegestade durch ihre ganz andere Pflanzen-Vergesellschaftung sich unterscheiden und mit diesen nicht zusammengeworfen werden dürfen. Der Mangel an echten Strandwiesen bringt als Folge auch das Fehlen so manchen Gewächses mit sich, welches gerade auf den kräuterreichen und von Salzstaub gedüngten Strandwiesen gedeiht. Überhaupt ist der Strand hier arm an Typen, die an anderen Gestaden häufiger auftreten, wie unten die Aufzählungen der Pflanzen-Vergesellschaftungen den Ausweis liefern. Ein gleiches gilt von der Dünenflora, welche sich in der grossen Einförmigkeit ihrer Bestandteile fast an allen Punkten zwischen Pernau und Polangen wiederholt, jedoch mit dem sehr geringen Unterschiede, dass gegen S die an und für sich geringe Zahl der echten Dünenpflanzen bei uns durch Hinzutreten von *Astragalus arenarius* L. und *Linaria odora* Chavann. vermehrt wird. Die Dünen sind aber trotz der Einförmigkeit ihrer spezifischen Flora hoch interessant, weil sie Varietäten und Formen von Arten des Binnenlandes, welche sich diesen neuen Lebensbedingungen angepasst haben, in einer grossen Fülle zeitigen. Dieselben sind bei weitem noch nicht genügend studiert und gesichtet worden, und es erscheint daher um so dankenswerter, dass Rapp in der Aufzählung die abweichenden Merkmale der auf den Dünen angesiedelten Binnenpflanzen besonders hervorhebt.

Da die unten aufgeführten Pflanzen der Strand-Formationen sich nicht überall gleichmässig verteilt finden und es ausserdem nicht geeignet erschien für jeden Strand besondere Verzeichnisse anzufertigen, so sind im Nachstehenden folgende Abkürzungen eingeführt worden; es bedeutet (U) = Ulpisch-Strand, (P) = Pernigel-Strand, (K) = Kürbis-Strand, (NS) = Neu-Salis-Strand.

A. Der Küstensaum.

Die **Ruderalpflanzen** des Strandes im allgemeinen stellen meiner Auffassung nach ein Gemisch von Strand-Advenisten, von Synanthropen und anderen Gewächsen des Binnenlandes dar, welche sich unmittelbar am Meeresufer oder in der Nähe desselben und auch auf den Dünen ansiedeln und sich zu diesen Standorten ebenso verhalten, wie die eigentlichen Synanthropen zum Kulturboden des Binnenlandes. Was die ersteren, die Strand-Advenisten oder echten Ruderalpflanzen des Strandes betrifft, so sind es meist solche Gewächse, welche in südlicheren Strichen als echte Synanthrope auftreten, welche aber bei uns als quasi spontane nur am Meeresstrande vegetieren. Sie haben hier am Lemsalschen Strande durchaus günstige Verhältnisse zu ihrem Gedeihen, weil Steingeröll mit von Meereswellen abgeschürften Sandpartien abwechseln, und gerade zwischen den kleinen erratischen Geschieben, wo Seetang und andere organische Auswurfstoffe in halbvermodertem Zustande das Bindemittel von Geröllen bilden, siedeln sich diese Gewächse mit Vorliebe an. Es ist aber hier nicht immer leicht zu entscheiden, in welche Gruppe jedesmal ein Gewächs zu bringen ist; so lasse ich es noch unentschieden bleiben, ob z. B. *Rumex maritimus L.* und *Corrispermum intermedium Schweigyr.* zu den Ruderalpflanzen oder zu den indigenen Strandpflanzen zu bringen sind; sie sind vorläufig bei den echten Strandpflanzen aufgeführt. In der nachstehenden Aufzählung sind auch die Besiedler der in den Dünen befindlichen und hart an das Meeresufer stossenden Äcker und Gärten, soweit sie die Strandnähe bevorzugen, aufgeführt worden:

† *Oryza clandestina* A. Br. (K, NS).
† *Panicum crus galli* L. (P, K).
† — *viride* L. (K).
   Festuca elatior L. (P).
   Triticum repens L.
     c. *caesium* Presl.
     d. *maritimum* Koch. β. *littorale*.

† *Bromus mollis* L. (U, P, K).
   Poa palustris L.
     b. *glabra* Döll (K).
   — *compressa* L. (P, K).
   Agrostis polymorpha Huds. cum var.
   Scirpus paluster L.
   — *uniglumis* Lk.

Scirpus pauciflorus Lightf.
† Convolvulus arvensis L. (P, K).
† — sepium L. (K).
† Asperugo procumbens L. (P).
† Lappula Myosotis Much. (P).
† Cynoglossum officinale L. (U, P, K).
† Echium vulgare L. (U, P).
Myosotis sparsiflora Mik. (U).
† Lithospermum officinale L. (P).
† — arvense L. (P).
† Verbascum Thapsus L. (P, K).
† — nigrum L.
† Linaria minor Desf. (P).
† — vulgaris Mill.
† Veronica latifolia L.
   b. minor Schrad. (P).
† Nepeta Cataria L. (P).
† Lamium amplexicaule L. (P).
Galium verum L. (P, K).
— Mollugo L.
Campanula Trachelium L.
   c. urticaefolia Schm. (P).
† Knautia arvensis Coult. (P).
Tussilago Farfarus L. (P).
† Erigeron canadensis L. (P).
— acer L.
Inula brittannica L. (P).
† Bidens tripartitus L. (P).
† Filago arvensis L. (P).
Helichrysum arenarium DC. (U).
† Artemisia Absynthium L.
† Chrysanthemum inodorum L.
   b. maritimum Pers.
‡ Senecio viscosus L. (P, K).
† Lappa officinalis All. (P, K).
† Cirsium arvense Scop.
   b. horridum Koch. (P)
† Sonchus oleraceus Scop.
   b. triangularis Wallr. (K).
† — arvensis L.
   b. uliginosus MB. (K).
† Tragopogon pratensis L. (K).

Androsaces septentrionale L. (P).
† Delphinium Consolida L. (P).
† Turritis glabra L. (U, P, K).
† Sisymbrium officinale Scop. (P).
† Erysimum cheiranthoides L. (P).
† Berteroa incana DC. (P).
† Vogelia paniculata Hornm. (P).
Viola tricolor L.
   c. saxatilis Koch. (P, K).
† Geranium pusillum L. (P, K).
— Robertianum L. (P).
† Malva neglecta Wallr. (K).
† — rotundifolia L. (P).
Rumex obtusifolius L.
   b. silvestris Wallr. (K).
— domesticus Hartm. (K).
† Polygonum minus Huds. (K).
† — aviculare L.
† Chenopodium rubrum L. (K).
† Atriplex patulum L.
† — hastatum L. (P).
† — hortense L.
   b. sativum Aschs. (P, K).
† Oenothera biennis L. (K).
Stellularia crassifolia Ehrh. (K).
Malachium aquaticum Fr. (K).
Sedum acre L.
Urtica dioica L.
† — urens L. (P).
† Daucus Carota L. (P).
† Conium maculatum L. (P).
Potentilla argentea L. (P).
— anserina Bock (P).
— norvegica L. (P).
Medicago lupulina L.
   b. Willdenowii Boeningh. (K).
† Melilotus alba Desr. (P).
Trifolium medium L. (P).
† — procumbens L. (P).
Vicia Cracca L. (P).
Lotus corniculatus L.

Halophyten und echte **Strandpflanzen:**

Ammophila arenaria Lk. (U, P, K).
Carex arenaria L.
Scirpus rufus Schrad. (P).
Allium oleraceum L.
  b. carinatum L. (P).
Juncus balticus W. (P, K).
— Gerardii Loisl. (P, K).
— alpinus Vill.
Triglochin maritimum L.
Thymus Serpyllum L.
  b. angustifolius Schreb. (P, K).
Petasites tomentosus DC. (P, K).

Plantago maritima L. (P, K).
Glaux maritima L. (P).
Erythraea linariaefolia Pers. (P).
— pulchella Fr. (P).
Cakile maritima Scop. (P, K).
Rumex maritimus L. (P, K).
Salsola Kali L. (P, K).
Atriplex littorale L. (K).
Corrispermum intermedium
  Schweig. (K).
Honkenya peploides Ehrh. (U, P, K).

Im Meere finden sich hin und wieder am Uferrande:

Glyceria aquatica Whlbg. (P).
Scirpus Tabernaemontani Gmel.
  (K, NS).
Potamogeton marinus L. (P).
Zostera marina L.

Zannichellia palustris L.
  f. repens Boeningh. (K).
— pedicellata Fr. (P, K).
Ranunculus aquatilis Whlbg. (P).

In Strand-Tümpeln, welche von Meereswellen zeitweilig überflutet werden, wurden beobachtet:

Carex riparia Curt. (P).
Zannichellia palustris L.
  f. polycarpa Nolte (NS).

Potamogeton marinus L. (NS).
Myriophyllum verticillatum L. (K).

B. Dünenflora.

Allgemein verbreitete **Dünenpflanzen:**

Equisetum hiemale L.
Agrostis polymorpha Huds.
  a. vulgaris With.
  b. rubra L.
Festuca ovina L.
  a. vulgaris Koch.
  b. duriuscula L.
    f. glauca Lam.
    f. pallens Host.
    f. hirsuta Host.

Festuca rubra L.
  b. villosa Koch.
  c. lanuginosa Koch.
Hordeum arenarium Aschs.
Carex arenaria L.
Scirpus maritimus L.
Linaria vulgaris Mill.
Veronica spicata L.
Thymus Serpyllum L.
  b. angustifolius Schreb.

Galium Mollugo L.
— verum × Mollugo.
Tragopogon floccosus W. et K.
† Filago arvensis L.
Hieracium umbellatum L. cum var.

Arabis hirsuta Scop.
— arenosa Scop.
† Oenothera biennis L.
Salix daphnoides Vill.
Anthyllis Vulneraria L.

Grasige Stellen auf den Dünen beim Kirr-Gesinde am Pernigel-Strande. Die Grasnarbe wird vorherrschend von *Festuca-* und *Agrostis-*Arten und deren Strand-Varietäten gebildet; unter diese mischen sich:

Briza media L.
Anthoxanthum odoratum L.
Veronica latifolia L.
Galium boreale L.
— verum L.
Androsaces septentrionale L.
Primula officinalis L.
Gnaphalium dioicum L.

Polygala amara L.
Arenaria serpyllifolia L.
Cerastium caespitosum Gil.
Scleranthus perennis L.
Agrimonia Eupatoria L.
Potentilla reptans L.
Trifolium repens L.
— pratense L.

Dünen-Gebüsche bestehen gewöhnlich aus folgenden Strauch-Arten:

Salix pentandra L. (K).
— daphnoides Vill. (P, K).
† — viminalis L. (P).

Alnus incana DC.
Crataegus monogyna Jcq. (P).
Juniperus communis L.

Unter diesen Sträuchern sind häufig anzutreffen:

† Convolvulus sepium L. (P, K).
Calamintha Clinopodium Spenner (P, K).

Arabis hirsuta Scop. (P).
† Torilis Anthriscus Gmel. (P).

Der **Dünen-Hohlweg** zwischen dem Lawer- und Kirr-Gesinde am Pernigelschen Strande ist bemerkenswert wegen seines Gemisches von Strand-Ruderalpflanzen, Synanthropen, Dünenpflanzen und Gewächsen der Strandniederung. Er durchschneidet den Dünenwall und verbindet Strand und Strandniederung und veranlasst die allmälige Versandung des nach E angrenzenden Schwarzellern-Hains in der Strandniederung.

a. Strauch-Arten.

Solanum Dulcamara L.
Juniperus communis L.
Lonicera Xylosteum L.
Salix daphnoides Vill.
Corylus Avellana L.

Alnus incana DC.
Ribes rubrum L.
† — Grossularia L.
Rubus Idaeus L.

b. Bodendecke.

Asplenum filix femina Bernh.
Cystopteris fragilis Bernh.
Agrostis polymorpha Huds.
Poa pratensis L.
Melica nutans L.
Festuca ovina L. cum var.
— rubra L. cum var.
Allium oleraceum L.
Majanthemum bifolium Schm.
† Convolvulus sepium L.
† Cynoglossum officinale L.
Veronica Chamaedrys L.
Calamintha Acinos Clairv.
Lysimachia vulgaris L.
† Cirsium lanceolatum L.

Ranunculus acer L.
— repens L.
† Turritis glabra L.
† Geranium pusillum L.
† — Robertianum L.
† Urtica dioica L.
Rumex Acetosella L.
Sedum acre L.
Aegopodium Podagraria L.
Silene nutans L.
Melandryum rubrum Gke.
Geum urbanum L.
Fragaria vesca L.
Vicia sepium L.

c. Schwarzellern-Hain.

Alnus glutinosa Gärtn.
Corylus Avellana L.
Juniperus communis L.
Betula alba L.
Quercus pedunculata Ehrh.
Festuca ovina L. cum var.

† Cynoglossum officinale L.
Galium Mollugo L.
Taraxacum vulgare Schrk.
Viola arenaria DC.
Sedum acre L.
† Urtica dioica L.

An **Bachrändern, Ravinen** und **Gräben** im Dünengebiet finden sich neben anderen folgende Pflanzen:

Glyceria aquatica Whlbg. (P).
Carex filiformis L. (P).
Juncus balticus W. (P).
Eupatorium cannabinum L. (P).
Achillea cartilaginea DC. (P).

Senecio paludosus L. (P).
Sium latifolium L. (P).
Oenanthe aquatica Lmk. (P).
Epilobium hirsutum L. (P).
— parviflorum Schreb. (P).

Als Anhang zu den Pflanzenverzeichnissen des Küstensaumes und des Dünenwalles seien hier noch ein paar Verzeichnisse von Vegetations-Formationen aus dem Mündungsgebiete des **Wetterflusses** aufgeführt. Es ist diese Lokalität aus dem Grunde besonders interessant, weil hier durch den Durchbruch des Flusses eine breite Lücke im Dünenwalle entstanden ist und die charakteristischen Pflanzen der letzteren Formation ganz zurückgetreten sind. Ausserdem findet sich hier in geringer Ausdehnung

— 39 —

eine Art von Strandwiese entwickelt, welche aber eigentliche Strandwiesenpflanzen, ausser *Potentilla reptans L.*, gar nicht enthält und nur als eine längs dem Flusse vorgeschobene Strandniederungswiese aufgefasst werden muss.

a. Küstensaum an der Mündung.

Poa palustris L.
  a. *glabra Döll.*
Triticum repens L.
  c. *caesium Presl.*
  d. *maritimum Koch.*
  f. *littorale Host.*
Rumex maritimus L.

Tragopogon floccosus W. et K.
Viola tricolor L.
  c. *saxatilis Koch.*
Atriplex littorale L.
— *hortense L.*
  b. *sativum Aschs.*
Corispermum intermed. Schweiggr.

b. Im und am Wetterflusse.

Equisetum Heleocharis Ehrh.
  b. *fluviatile L.*
    f. *leptocladum Döll.*
Digraphis arundinacea Trin.
Oryza clandestina A. Br.
Glyceria aquatica Whlbg.
Scirpus acicularis L.
— *maritimus L.*
Potamogeton lucens L.
— *pusillus L.*
— *alpinus Balbis.*
Sagittaria sagittaefolia L.
Butomus umbellatus L.

Veronica Anagallis aquatica L.
Mentha aquatica L.
  b. *capitata Wimm.*
Eupatorium cannabinum L.
Senecio paludosus L.
Ranunculus Lingua L.
— *divaricatus Schrk.*
Rumex maximus Schreb.
Myriophyllum spicatum L.
— *verticillatum L.*
Hippuris vulgaris L.
Sium latifolium L.
Oenanthe aquatica Lmk.

c. Wiese an der Mündung des Wetterflusses.

Scirpus acicularis L.
Eriophorum latifolium Hoppe.
Oryza clandestina A. Br.
Epipactis palustris R. Br.
Lysimachia Nummularia L.
Veronica longifolia L.
Tragopogon pratensis L.
  b. *orientalis L.*

Thalictrum angustifolium Jcq.
Geranium pratense L.
Rumex domesticus Hartm.
Polygonum dametorum L.
Potentilla reptans L.
Trifolium medium L.
Lathyrus paluster L.

Der **Dünenwald** des Lemsalschen Strandes wird in seinen Florenbestandteilen am besten durch paar Beispiele illustriert:

a. **Beim Kirr-Gesinde am Pernigel-Strande (R = Rand).**

Equisetum hiemale L.
Pinus silvestris L. (dominierend).
Picea excelsa Lk.
Juniperus communis L.
Festuca ovina L. cum var.
Luzula vernalis Desv.
Majanthemum bifolium Schm.
Epipactis latifolia All.
— rubiginosa Gand.
Monotropa Hypopitys L.
Neottia ovata Bl. et Fing. (R).
Pirola chlorantha Sw.
Ramischia secunda Gke.
Chimophila umbellata Nutt.
Calluna vulgaris Salisb.
Vaccinium Vitis Idaea L.
Arctostaphylos uva ursi Spr.
Melampyrum silvaticum L.
Veronica latifolia L.
Thymus Serpyllum L.
Androsaces septentrionale L.
Erythraea Centaurium Pers. (R).
Campanula persicifolia L.
 b. eriocarpa M. et K.

Achillea Ptarmica L.
† Erigeron canadensis L.
Artemisia campestris L.
Hieracium umbellatum L.
 b. coronopifolium Bernh.
Archyrophorus maculatus Scop.
Gnaphalium dioicum L.
Thalictrum simplex L. (R).
Hepatica triloba Gil.
Arabis arenosa Scop.
Berteroa incana DC.
Viola arenaria DC.
— flavicornis Sm. (R).
Linnaea borealis L.
Sempervivum soboliferum Sims.
Epilobium angustifolium L.
Stellularia Holostea L.
Silene nutans L.
Euonymus europaea L.
Rosa Cinnamomea L.
Rubus saxatilis L.
Lotus corniculatus L.
Anthyllis Vulneraria L.
Vicia Cracca L.

b. **Am Kürbis-Strande unweit der Mündung des Wetterflusses.**

Equisetum hiemale L. (R).
Aspidium filix mas Sw.
Phegopteris Dryopteris Fée.
 polypodioides Fée.
Agrostis canina L. (R).
Calamagrostis lanceolata Rth.
 b. canescens Aschs. (R).
— epigea Rth.
 c. glauca Rchb.
— arundinacea Rth.
Poa nemoralis L.
 a. vulgaris Gand.
 b. firmula Gand.

Poa pratensis L.
 c. humilis Ehrh.
Festuca ovina L. cum var.
— gigantea Vill.
Sieglingia decumbens Bernh. (R).
Polygonatum officinale All.
Asparagus altilis Aschs.
Neottia nidus avis Rich.
— ovata Bl. et Fing.
Epipactis rubiginosa Gand.
Veronica spicata L.
Melampyrum silvaticum L. (R).
Linaria vulgaris L.

Jasione montana L.
Campanula persicifolia L. (R).
— rotundifolia L. (R).
Lonicera Xylosteum L.
Linnaea borealis L.
Galium verum L.
† Filago arvensis L.
† Artemisia Absynthium L.
† Senecio viscosus L.
— silvaticus L.
Archyrophorus maculatus Scop. (R).
Hieracium umbellatum L.
— Pilosella × pratense.
Monotropa Hypopitys L.
  a. hirsuta Rth.
Pirola chlorantha Sw.
— minor L.
— uniflora L.
Chimophila umbellata Nutt.
Calluna vulgaris Salisb.

Arctostaphylos uva ursi Spr.
Pulsatilla pratensis Mill.
Ranunculus polyanthemus L. (R).
Arabis hirsuta Scop.
— arenosa Scop.
Viola canina L.
  v. flavicornis Sm. (R).
Geranium sanguineum L.
Salix daphnoides Vill.
— Caprea L.
Sedum maximum Suter (R).
Sempervivum soboliferum Sims.
Scleranthus perennis L.
Spergula arvensis L.
  b. laricina Wulf.
Silene nutans L.
Ribes alpinum L.
Rosa Cinnamomea L.
Anthyllis Vulneraria L.

In diesem Dünenwalde am Kürbis-Strande befindet sich ein interessanter **Waldsumpf**, welcher folgende Arten enthält:

Aspidium Thelypteris Sw.
— cristatum Sw.
Glyceria aquatica Whlbg.
— fluitans R. Br.
Brachypodium pinnatum PB. (R).
Carex Pseudocyperus L.
Eriophorum gracile Koch.
Sparganium minimum Fr.
Typha latifolia L.
Iris Pseudacorus L.

Stratiotes aloides L.
Hydrocharis morsus ranae L.
Galium boreale L. (R).
Senecio silvaticus L. (R).
Lysimachia vulgaris L.
Utricularia vulgaris L.
Drosera rotundifolia L.
Ceratophyllum demersum L.
Hippuris vulgaris L.

C. Die Strandniederung.

Der Strandniederung des Lemsaler Florengebiets ist einige Mal Erwähnung gethan und dabei schon darauf hingewiesen worden, dass sie vorherrschend mit Wäldern und Grasmooren bedeckt ist, welche aber heute zum grossen Teile ihres guten Bodens wegen unter Kultur gestellt sind. Die Grasmoore und Wiesen der Strandniederung unterscheiden sich in ihrer Pflanzendecke fast gar nicht von den des Binnenlandes und können füglich hier übergangen werden. Die Wälder dagegen haben ein durchaus anderes Gepräge als die des Binnenlandes und weichen vielfach in der Zusammensetzung ihrer Florenbestandteile von diesen ab. Es treten uns hier ganz neue Typen entgegen, welche aber alle ein gemeinsames Band: das Bedürfnis nach einem grösseren Gehalt an Luftfeuchtigkeit, verbindet. Zu diesen Gewächsen, welche zur Zeit der atlantischen Periode ihre Einwanderung zu uns vollzogen, gehören u. a.: *Crataegus monogyna Jcq., Euonymus europaea L., Cornus sanguinea L., Allium ursinum L., Dentaria bulbifera L.* und *Lunaria rediviva L.*

An 3 ausgewählten Beispielen ist die Vergesellschaftung der Strandniederungswälder nachstehend veranschaulicht worden. Das erste Beispiel giebt die Aufzählung der Florenbestandteile einer Waldschonung mit dem angrenzenden Mischwalde in der Strandniederung selbst; das zweite zeigt den Wald am Pernigelbache in seinem Übergange aus der Strandniederung in die Dünen bis zur Durchbruchstelle des Baches durch dieselben; als drittes Beispiel ist der Wald am Wetterflusse gewählt, wo er das alte atlantische Ufer teilweise noch bedeckend in die Strandniederung eintritt. Das letzte Beispiel ist demnach eine Übergangsbildung, welche aber durch die vollständig nach W exponierte Lage des Waldes auch die interessanteste Vergesellschaftung einschliesst.

Waldschonung beim Steebre-Gesinde am Pernigel-Strande:

a. Bäume und Sträucher.

Picea excelsa Lk.
Juniperus communis L.
Salix-Arten.
Populus tremula L.
Betula alba L.
Alnus incana DC.
Fraxinus excelsior L.
Tilia cordata Mill.
Corylus Avellana L.

Frangula Alnus Mill.
Rhamnus cathartica L.
Pirus Aucuparia Gärtn.
Rubus Idaeus L.
Daphne Mezereum L.
Acer platanoides L.
Euonymus europaea L.
Ribes nigrum L.
Viburnum Opulus L.

b. Bodendecke.

Asplenium filix femina Bernh.
Aspidium cristatum Sw.
— Thelypteris Sw.
Equisetum pratense L.
Agrostis polymorpha Huds.
Anthoxanthum odoratum L.
Calamagrostis arundinacea Rth.

Avena pratensis L.
Melica nutans L.
Briza media L.
Poa pratensis L.
Aira caespitosa L.
Glyceria fluitans R. Br.
Festuca rubra L.

Carex elongata L.
— Oederi Ehrh.
— Goodenoughii Gay.
— pallescens L.
— glauca Scop.
— vesicaria L.
— stricta Good.
— virens Lmk.
Scirpus silvaticus L.
Eriophorum angustifolium Rth.
— latifolium Hoppe.
Luzula pilosa L.
— campestris DC.
Juncus communis E. Mey.
Paris quadrifolius L.
Polygonatum officinale All.
Majanthemum bifolium DC.
Orchis maculata L.
Epipactis latifolia All.
  b. varians Crtz.
Scrophularia nodosa L.
Veronica scutellata L.
— officinalis L.
— Beccabunga L.
Orobanche pallidiflora W. et Gr.
Melampyrum nemorosum L.
Lamium Galeobdolon Crtz.
Galium Mollugo L.
— Aparine L.
— verum L.
Asperula odorata L.
Primula farinosa L.
Pulmonaria officinalis L.
Campanula Cervicaria L.
Solidago virga aurea L.
Senecio silvaticus L.

Senecio Jacobaea L.
Gnaphalium silvaticum L.
Cirsium heterophyllum All.
— oleraceum Scop.
— palustre Scop.
† — lanceolatum Scop.
Taraxacum vulgare Gil.
Crepis paludosa Much.
— mollis Aschs.
Hieracium pratense Tausch.
Pirola rotundifolia L.
Ramischia secunda Gke.
Vaccinium vitis Idaea L.
Ranunculus cassubicus L.
  b. pinguis Rpr.
— Flammula L.
— acer L.
— repens L.
Caltha palustris L.
Anemone nemorosa L.
Cardamine amara L.
Viola silvatica Fr.
— canina L.
Oxalis Acetosella L.
Cerastium caespitosum Gil.
Angelica silvestris L.
Polygala amara L.
Potentilla norvegica L.
— silvestris Neck.
Geum rivale L.
Fragaria vesca L.
Rubus saxatilis L.
Ulmaria pentapetala Gil.
Lathyrus vernus Bernh.
Epilobium angustifolium L.

Wald am Pernigel-Bache:

Phegopteris Dryopteris Fée.
— polypodioides Fée.
Cystopteris fragilis Bernh.

Onoclea Struthopteris Hoffm.
Lycopodium Selago L.
Calamagrostis lanceolata Rth.

Milium effusum L.
Sieglingia decumbens Bernh.
Festuca gigantea Vill.
Triticum caninum L.
Carex Pseudocyperus L.
— silvatica Huds.
— filiformis L.
— pulicaris L.
Allium carinatum Koch.
Paris quadrifolius L.
Polygonatum multiflorum All.
Cuscuta europaea L.
Calamintha Clinopodium Spenner.
Stachys silvatica L.
Asperula odorata L.
Lonicera Xylosteum L.
Campanula persicifolia L.
   b. eriocarpa M. et K.
Senecio Jacobaea L.
— silvatica L.
Cirsium lanceolatum Scop.
Hypochoeris radicata L.
Archyrophorus maculata L.

Hieracium cymosum L.
— pratense Tausch.
Monotropa Hypopitys L.
   a. hirsuta Rth.
Pirola uniflora L.
Chimophila umbellata Nutt.
Asarum europaeum L.
Hepatica triloba Gil.
Aquilegia vulgaris L.
Rhamnus cathartica L.
Salix daphnoides Vill.
Geranium Robertianum L.
Mercurialis perennis L.
Malachium aquaticum Fr.
Sanicula europaea L.
Epilobium roseum Schreb.
— parviflorum Schreb.
Circaea alpina L.
Rubus fruticosus L.
   b. corylifolius Sm.
Crataegus monogyna Jcq.
Lathyrus vernus Bernh.

Wald und **Waldabhänge** am Wetterflusse, am Kürbis-Strande:

Equisetum arvense L.
   b. nemorosum A. Br.
— pratense Ehrh.
   b. umbrosum Klge.
— silvaticum L.
   a. vulgare Klge.
— hiemale L.
Aspidium filix mas Sw.
— spinulosum Sw.
   a. elevatum A. Br.
   b. dilatatum Sm.
Cystopteris fragilis Bernh.
Onoclea Struthopteris Hoffm.
Lycopodium Selago L.
— annotinum L.
Milium effusum L.

Calamagrostis arundinacea Rth.
— epigea Rth.
   b. Hübneriana Rchb.
Aira flexuosa L.
Poa nemoralis L.
   a. vulgaris Gaud.
Avena pubescens L.
Festuca arundinacea Schreb.
— gigantea Vill.
— silvatica Vill.
Sieglingia decumbens Bernh.
Brachypodium silvaticum PB.
Triticum caninum L.
Carex echinata Murr.
Allium ursinum L.
Paris quadrifolius L.

Polygonatum officinale All.
— multiflorum All.
Epipactis palustris Crtz. (R).
Cuscuta europaea L.
Pulmonaria officinalis L.
Melampyrum silvaticum L.
Origanum vulgare L.
Calamintha Clinopodium Spenner.
Stachys silvatica L.
Lonicera Xylosteum L.
Asperula odorata L.
Phyteuma spicatum L.
Campanula rapunculoides L.
— Trachelium L.
  c. urticaefolia Schm.
— latifolia L.
— Cervicaria L. (R).
Eupatorium cannabinum L. (Ufer).
Lactuca muralis Less.
Cirsium oleraceum Scop.
Crepis mollis Aschs.
Hieracium murorum L.

Hieracium boreale Fr.
— umbellatum L.
Asarum europaeum L.
Thalictrum aquilegiaefolium L.
— flavum L.
Hepatica triloba Gil.
Actaea spicata L.
Dentaria bulbifera L.
Lunaria rediviva L.
Viola mirabilis L.
Geranium sanguineum L.
Mercurialis perennis L.
Cornus sanguinea L.
Stellularia longifolia Fr.
Melandrium rubrum Gke.
Malachium aquaticum Fr.
Pimpinella magna L.
Conioselinum tataricum Fisch.
Rubus caesius L.
Trifolium medium L.
Vicia silvatica L.
Lathyrus vernus Bernh.

In den Strandniederungswäldern bei Sussikas tritt *Chaerophyllum aromaticum* L. auf und bei Neu-Salis *Taxus baccata* L.

Aufzählung
der in Lemsal und Umgebung gefundenen Gefässpflanzen.

Kryptogamae vasculares.
Equisetaceae.

1. *Equisetum arvense* L. Überall häufig.
    var. a. *ramulosum* Rpr.
        f. *robustum* Klge. Bei Lemsal auf Feldern.
        f. *pyramidatum* Klge. Bei Lemsal auf Wiesen und an Feldrändern.
        f. *obtusatum* Klge. Bei Lemsal auf Feldern.
    var. b. *agreste* Klge. Bei Lemsal auf Feldern.
        f. *compactum* Klge. Bei Lemsal auf Feldern.
    var. c. *alpestre* Wahlenb. Auf Feldern bei Lillaberg; Strand bei Pernigel.
    var. d. *boreale* Bongard. Im Gebüsch des alten russischen Kirchhofs bei Lemsal; Lohdenhof bei Wenden im Gebüsch; Kürbis-Strand, Gebüsch am Wetterflusse.
    var. e. *nemorosum* A. Br. In Wäldern am Strande bei Kürbis.
2. *E. pratense* Ehrh. Bei Lemsal häufig an Abhängen und auf Anhöhen, so in den Schluchten beim lutherischen Pastorat und bei der russischen Kirche, auf dem alten russischen und auf dem lettischen Kirchhof, im Gebüsch bei dem deutschen Kirchhof; Wainsel: Feldränder bei der Schleuse, auf dem Felde bei der Riege, in der Schlossruine; Hochrosen auf bewaldeten Hügeln; Kürbis-Strand: im Walde am Wetterfluss und an anderen Orten. Besonders unterschieden sind folgende Varietäten und Formen:
    var. a. *vulgare* Klge.
        f. *arenarium* Klge. Sandige Felder und Feldränder bei Lemsal.

f. *strictum Lacksch.* Kürbis-Strand: sandige Anhöhe am Wetterfluss.

f. *umbrosum Klge.* Lemsal: im Gebüsch der Schluchten hinter der russischen Kirche, im Gebüsch beim deutschen Kirchhof; Jungfernhof, Laubwald; Kürbis-Strand, Wald am Wetterfluss.

f. *erubescens Klge.* Im Walde von Lohdenhof bei Wenden.

var. b. *ramulosum Rupr.*

f. *erectum Klge.* Auf Roggenfeldern bei Lemsal.

f. *pyramidale Milde.* Auf Feldern bei Lemsal.

var. c. *praecox Milde.* Lemsal: in den Schluchten beim Pastorat.

var. d. *serotinum Milde.* Lemsal: in den Schluchten hinter der russischen Kirche.

3. *E. silvaticum L.* In der nächsten Umgebung Lemsals nur auf Feldern und an Feldrändern oder unter Gebüsch; in Laubwäldern bei Jungfernhof und in Wäldern am Kürbis-Strande.

var. a. *vulgare Klge.* Jungfernhof: Laubwald; Lohdenhof bei Wenden: Waldrand; Kürbis-Strand: Wälder.

var. b. *capillare Hoffm.* Jungfernhof, Laubwald.

var. c. *robustum Milde.* Lemsal, Äcker.

var. d. *praecox Milde.* Jungfernhof, Laubwald.

var. e. *polystachium* (v. n.). (Ohne Fundortsangabe.)

4. *E. palustre L.* An geeigneten Standorten überall gemein.

var. a. *verticillatum Klge.*

f. *breviramosum Klge.* Lemsal, Schluchten beim Pastorat, Wiese bei Sleike.

f. *longeramosum Klge.* Lemsal, Grabenrand beim Donau-Kruge; Kürbis-Strand; Sumpfwiesen beim Grünthal-Kruge.

f. *pauciramosum Bolle.* Lemsal, Wiesen bei der Hoflage Sleike, Schlucht zwischen den Pastoratsfeldern.

f. *fallax Milde.* Kürbis-Strand: Sumpfwiesen hinter dem Grünthal-Kruge und am Dünenwalde.

var. b. *polystachium Vill.* Lemsal, Wiese bei der Hoflage Sleike.

f. *racemosum Milde.* Ebendaselbst.

var. c. *simplex Milde.*

f. *nudum Duby.* Lemsal, Wiese bei der Parochialschule.

f. *tenue Döll.* Lemsal, Schluchten beim Pastorat, Gräben zwischen den Pastoratsfeldern.

var. d. *caespitosum Klge.* Lemsal, Wiese beim Zuhkaus-Gesinde, Graben beim Dorke-Kruge.

5. *E. Heleocharis Ehrh.* An und in Bächen, Flüssen, Seen und Sümpfen.
   var. a. *limosum L.* (als Art).
        f. *aphyllum Rth.* Lemsal, Graben bei dem Wez-Urban-Gesinde, am Leel-Esar beim Burtneck-Gesinde.
        f. *intermedium Klge.* Lemsal, Graben beim Wez-Urban-Gesinde.
        f. *uliginosum Mühlenberg.* Lemsal, Sumpf beim Drogge-Gesinde.
   var. b. *fluviatile L.* (als Art).
        f. *brachycladum Döll.* Lemsal, Graben beim Wez-Urban-Gesinde; Teichrand bei der oberen Mühle.
        f. *leptocladum Döll.* Lemsal, am oberen Teiche; Kürbis-Strand, am Wetterfluss in der Nähe des Badehauses.
        subf. nov.: „mit ährentragenden Ästen". Kürbis-Strand am Wetterfluss.
6. *E. hiemale L.* Selten.
   var. a. *genuinum A. Br.* Pernigel-Strand, Wälder beim Steebre- und Kirr-Gesinde; Kürbis-Strand, Rand des Dünenwaldes und Wald am Wetterfluss.
   var. b. *polystachium.* (Ohne Fundortsangabe.)

Polypodiaceae.

7. *Pteris aquilina L.* In allen Wäldern verbreitet.
8. *Asplenum filix femina Bernh.* Die häufigste Art.
9. *Phegopteris Dryopteris Fée.* Besonders häufig in den Wäldern am Pernigel- und Kürbis-Strande.
10. *Ph. polypodioides Fée.* Pernigel-Strand, Wälder beim Steebre- und Sihpol-Gesinde; Kürbis-Strand, Wälder. (Ist hier oberseits ganz behaart.)
11. *Aspidium Thelypteris Sw.* Lemsal, Ufer des Leel-Esar beim Urrax-Gesinde, Ufer des Duhne-Esar beim Matschin-Gesinde und an anderen Orten; Kürbis-Strand, Sumpf im Dünenwalde.
12. *A. filix mas Sw.* Lemsal, Schlucht beim Burtneck-Gesinde und Schlucht beim deutschen Kirchhof (spärlich); Pernigel-Strand, Wälder; Kürbis-Strand, im Dünenwalde, in Schluchten, im Walde am Wetterfluss (der Mittelstreif der Fiedern der Exemplare vom letzteren Fundort ist oben etwas spreuschuppig).
13. *A. cristatum Sw.* Lemsal, Wiesen am Duhne-Esar beim Drogge- und Ehrme-Gesinde; Kürbis-Strand, Sumpf im Dünenwalde.

14 *Aspidium spinulosum* Sw. Häufig.
    var. a. *elevatum* A. Br. Häufig an lichten Waldstellen um Lemsal und am Kürbis-Strande.
    var. b. *dilatatum* Sm. Kürbis-Strand, schattige Waldstellen nach Neu-Salis hin.
15. *Cystopteris fragilis* Bernh. Pernigel-Strand, Abhang beim Pastorats-Badehause; Kürbis-Strand, Waldabhänge am Wetterfluss.
16. *Onoclea Struthopteris* Hoffm. Lemsal, am Leel-Esar vor dem Urrax-Gesinde und Gebüsch beim Ehrme-Gesinde; Jungfernhof, Pernigel und Sussikas an Waldbächen; Kürbis-Strand, im Walde am Wetterfluss.

Ophioglossaceae.

17. *Botrychium simplex* Hitchcock. Lemsal, Anhöhe zwischen der Stadt und dem Matschin-Gesinde (Juni 1888 gefunden); mit den Varietäten:
    var. b. *incisa* Milde (s. Dorp. Naturf.-G., Sitzungsber. 1890, pag. 422).
    var. c. *subcomposita* Lasch.
    var. d. *composita* Lasch.

Lycopodiaceae.

18. *Lycopodium Selago* L. Wainsel, Wald vor Rosenbeck; Pernigel-Strand, Wald beim Pastorat und beim Dunte-Krug; Kürbis-Strand, Wald am Wetterfluss (überall vereinzelt oder sehr spärlich).
19. *L. annotinum* L. Überall in etwas feuchten Wäldern; Wilkenhof, Wald, ungemein häufig (M. Willkomm, Streifzüge, 1872, pag. 87).
20. *L. clavatum* L. Besonders häufig in der Umgebung des Melle-Esar und des Maise-Esar.

Phanerogamae.
Gymnospermae.
Cupressaceae.

21. *Juniperus communis* L. Verbreitet.

Abietaceae.

22. *Pinus silvestris* L. Überall, besonders die Strandwälder bildend.
23. *Picea excelsa* Lk. Vorherrschend in Mischwäldern.
    Taxus baccata L. Salis (Bar. Ungern-Sternberg, sec. Wied. et Web. pag. 612).

Angiospermae.
Monocotyledoneae.
Gramina.

24. *Oryza clandestina* A. Br. Kürbis-Strand, von der Schilfinsel an der Mündung des Wetterflusses an bis circa 3 Werst flussaufwärts häufig; Mündung der Swehtuppe bei Neu-Salis.
(1). *Phalaris canariensis* L. Lemsal, in einer Strasse verwildert.
25. *Digraphis arundinacea* Trin. Lemsal, Gräben bei der unteren Mühle; Wilkenhof, Mühlgraben; Kürbis-Strand, am Wetterfluss.
 var. b. *picta* L. Lemsal, Gärten, lettischer Kirchhof, angepflanzt und verwildert.
26. *Anthoxanthum odoratum* L. Wiesen.
 var. b. *umbrosum* Bl. Schattige Wälder.
27. *Hierochloa odorata* Wahlenb. Lemsal, Wiesen am Leel-Esar beim Pastorat, beim Burtneek-Gesinde, im Gebüsch bei Wilke-Burtneek (spärlich); Wiesen am Duhne-Esar beim Jaun-Zuhkaus-Gesinde und an anderen Orten.
28. *Panicum crus galli* L. Pernigel-Strand, Gärten beim Steebre- und Kihse-Gesinde; Kürbis-Strand, Garten am Wetterfluss bei der Brücke.
29. *P. viride* L. Lemsal, auf der Mauer des lettischen Kirchhofs; Tegasch, Felder beim Dunte-Krug; Kürbis-Strand, sandige Äcker und Gärten am Wetterfluss.
30. *Milium effusum* L. Pernigel, am Bachabhang des Pastoratswaldes (6 Exemplare); Kürbis-Strand, schattige Wälder.
31. *Nardus stricta* L. Auf Torfwiesen überall häufig.
32. *Phleum pratense* L. Auf Wiesen und Grasplätzen.
 var. *nodosum* L. Lemsal, trockene Abhänge.
33. *Alopecurus pratensis* L. Lemsal, Abhang beim Stadtkrankenhause; Wilkenhof, am Mühlengraben (spärlich).
34. *A. arundinaceus* Poir. Lemsal, in Gärten.
35. *A. geniculatus* L. An Gräben, Flussufern, feuchten Wiesen.
36. *A. fulvus* L. An Gräben, auf Feldniederungen bei Lemsal.
37. *Agrostis polymorpha* Huds. Gemein.
 var. a. *vulgaris* With. (als Art). Kürbis-Strand, an trockenen Stellen.
  f. β. *hispida* Willd. An gleichen Standorten.
 var. b. *rubra* L. (als Art). Kürbis-Strand, an einer etwas feuchten Stelle am Waldrande.
 var. c. *alba* L. Häufig.

38. *Agrostis canina* L. Lemsal, Wiese beim Penn-Gesinde (spärlich); Kürbis-Strand, Dünenwaldrand beim Matte-Gesinde.
39. *A. spica venti* L. In Getreidefeldern.
40. *Calamagrostis lanceolata* Rth. Pernigel-Strand, Waldrand beim Steebre-Gesinde; Kürbis-Strand, lichter Wald beim Kahlmann-Gesinde.
   var. b. *canescens* Aschers. Wainsel, Brukzeem-Waldrand nach dem Eerast-Gesinde zu (spärlich); Kürbis-Strand, Waldrand am Wege (hier mit behaarten Hüllspelzen).
41. *Calamagrostis epigea* Rth. Kürbis-Strand, Wälder und an anderen Orten.
   var. b. *Huebneriana* Rchb. Kürbis-Strand, Wälder.
   var. c. *glauca* Rchb. Kürbis-Strand, Dünenwald beim Badehause.
42. *C. neglecta* Fr. Lemsal, Wiesen am Leel-Esar und bei Wangemuische; Kürbis-Strand, Sumpfwiesen am Dünenwalde beim Matte-Gesinde.
43. *C. arundinacea* Rth. Lemsal, Kronswald beim Werner-Gesinde; Pernigel-Strand, Wald beim Duate-Krug; Kürbis-Strand, Dünenwald beim Grünthal-Krug, Wald am Wetterfluss und an anderen Orten.
44. *Ammophila arenaria* Lk. Ulpisch-, Pernigel- und Kürbis-Strand.
45. *Avena elatior* L. Wilkenhof, Feld (mit Timothy angesäet).
46. *A. pubescens* L. Kürbis-Strand, etwas schattige Waldstelle.
47. *A. pratensis* L. Trockene Wiesen bei Lemsal und Wainsel.
48. *A. flavescens* L. Wilkenhof, Feld (mit Timothy angesäet).
49. *A. strigosa* Schreb. Häufig.
50. *Aira caespitosa* L. Überall auf Wiesen und im Gebüsch.
   var. b. *altissima* Lnk. In schattigen Wäldern.
51. *A. flexuosa* L. Lemsal, lettischer Kirchhof, Wiesen beim Frei- und Sillesemneek-Gesinde und am Waldrande zwischen Wangemuische und der Stadtforstei; Grabenrand beim Torfstich; Kürbis-Strand, Waldabhänge am Wetterfluss.
52. *Sieglingia decumbens* Bernh. Auf trockenen Wiesen und auf Heideboden um Lemsal und Wainsel häufig; Kürbis-Strand, Waldränder (hier überall mit behaarten Scheiden); Neu-Salis-Strand, Dünenwald.
53. *Sesleria coerulea* Ard. Lemsal, Wiesen an beiden Seen (sehr zerstreut); Wirbutten.
54. *Arundo Phragmites* L. Häufig an Ufern und auf Wiesen.
55. *Molinia coerulea* Mnch. Auf feuchten Wiesen und in moorigen Wäldern.
   var. b. *arundinacea* Schrk. In Wäldern und Gebüschen.

56. *Melica nutans* L. In etwas feuchten Gebüschen und Wäldern überall.
57. *Briza media* L. Häufig auf Wiesen.
(2). *B. minor* L. Lemsal, verwildert.
58. *Dactylis glomerata* L. Auf Wiesen, im Gebüsch, an Wald- und Feldrändern häufig.
59. *Poa annua* L. An Wegen, auf Grasplätzen, Wiesen etc. gemein.
60. *P. nemoralis* L.
    var. a. *vulgaris Gaud*. Lemsal, Wald am Mell-Esar; Wilkenhof, Park; Kürbis-Strand, Dünenwald (hier mit behaarten unteren Scheiden), Wald am Wetterfluss.
    var. b. *firmula Gaud.* Kürbis-Strand, Waldschlag beim Matte-Gesinde.
        f. *montana Gaud.* Lemsal, im Garten von Kruse; Wilkenhof, Park (spärlich); Kürbis-Strand (Strandform).
61. *P. palustris* L.
    var. a. *glabra Döll.* Lemsal, Strassen, beim Donau-Kruge, auf dem lettischen Kirchhof; Wilkenhof, bei der Mühle; Pernigel-Strand, beim Wez-Pidd-Gesinde; Kürbis-Strand, am Meere beim Wetterfluss.
    var. b. *scabriuscula Döll.* Lemsal, lettischer Kirchhof bei der Kapelle.
62. *P. compressa* L. Lemsal, Wegränder; Kürbis- und Pernigel-Strand am Meere. Beim Steebre-Gesinde eine durch den Habitus ausgezeichnete Strandform.
63. *P. trivialis* L. Mit glatten Stengeln an etwas feuchten und schattigen Stellen häufig; so im Gebüsch beim deutschen Kirchhof und im Kronswalde am Wege bei Lemsal
64. *P. pratensis* L. Gemein.
    var. a. *vulgaris Döll.* Gemein.
    var. b. *angustifolia* L. Lemsal, neuer russischer Kirchhof.
    var. c. *humilis Ehrh.* Kürbis-Strand, Dünenwald. (Einzelne Exemplare mit behaarten Scheiden.)
65. *Catabrosa aquatica* P. B. Lemsal, Graben am Duhne-Esar bei der Schmiede und Tümpel beim Drogge-Gesinde.
66. *Glyceria fluitans* R. Br. Hier überall mit ganz rauhen Deckspelzen.
67. *G. aquatica Whlbg.* Pernigel-Strand, beim Kirr-Gesinde; Kürbis-Strand, Mündung des Wetterflusses, Sumpf im Dünenwalde, Grenzgraben im Dünenwalde bei Lahnhof.
68. *Graphephorum arundinaceum Aschs.* Lemsal, am Nordende des Leet-Esar.

69. *Festuca elatior L.* Hier die Blätter unterseits glänzend. Habituell verschiedene Strandformen am Meere beim Steebre-Gesinde in Pernigel beobachtet. Häufig.
   var. b. *pseudololiacea Fr.* Bei Lemsal.
70. *F. arundinacea Schreb.* Kürbis-Strand, Wald am Wetterfluss (Blätter unterseits glänzend).
71. *F. gigantea Vill.* Lemsal, Gebüsch bei dem Matschin-Gesinde (spärlich); Pernigel-Strand, im Walde am Bache; Kürbis-Strand, Wald am Wetterfluss.
   var. b. *triflora Godr.* Pernigel-Strand, Wiese beim Pastorats-Badehause; Kürbis-Strand, am Bache im Dünenwalde.
72. *F. silvatica Vill.* Kürbis-Strand, Waldabhang am Wetterfluss (einziger Fundort).
73. *F. ovina L.* Kommt hier mit behaarten unteren Scheiden vor.
   var. a. *vulgaris Koch.* Auf etwas feuchtem, sandigem und steinigem Boden. Hier meist mit behaarten unteren Scheiden.
   var. b. *duriuscula L.* (als Art). Auf Sandboden.
     f. *glauca Lam.* Kürbis-Strand, Dünen.
     f. *pallens Host.* (Ährenaxe, Rispenäste und Stengel unter der Ähre behaart). Kürbis-Strand, Dünen.
     f. *hirsuta Host.* Kürbis-Strand, Dünen.
   NB. Eine Übergangsform zur folgenden: Lemsal, Wiese am Leel-Esar auf Hümpeln bei den Ellernbäumen (mit behaarten Scheiden).
74. *F. rubra L.* Kommt hier mit behaarten unteren Scheiden vor.
   var. b. *villosa Koch.* Lemsal, Wegränder.
   var. c. *lanuginosa Koch.* Kürbis-Strand, Dünen.
75. *Cynosurus cristatus L.* An Weg- und Wiesenrändern im ganzen Gebiet häufig.
76. *Bromus inermis Leyss.* Lemsal, Garten neben Hannsen, lettischer Kirchhof, Zahkaus-Gesinde.
77. *B. secalinus L.* In Getreidefeldern.
78. *B. arvensis L.* Auf Feldern.
79. *B. mollis L.* Lemsal, bei der Stadtforstei, beim Burtneck-Gesinde; Pernigel-, Kürbis- und Ulpisch-Strand, häufig.
80. *Brachypodium pinnatum P. B.* Kürbis-Strand, Sumpfrand im Dünenwalde (hier Scheiden kahl).
81. *B. silvaticum P. B.* Pernigel-Strand, Waldrand beim Lahziht-Gesinde, Wald beim Steebre-Gesinde, Waldrand beim Brandtschen Badehause; Kürbis-Strand, Wald am Wetterfluss.

82. *Triticum caninum L.* Pernigel-Strand, Wald beim Steebre-Gesinde und im Walde am Bache; Kürbis-Strand, Wald am Wetterfluss (hier und am Pernigelschen Bache die Knoten behaart, zuweilen auch die Scheiden).
83. *T. repens L.* Gemein.
    var. a. *vulgare Döll.* Gemein.
    var. b. *aristatum Döll.* Häufig.
    var. c. *caesium Presl.* Lemsal, lettischer Kirchhof, an Zäunen bei der neuen Anlage; Kürbis-Strand, am Wetterfluss und am Meeresufer.
    var. d. *maritimum Koch.* β. *littorale Host.* Kürbis-Strand, Meeresufer.
84. *Hordeum arenarium Aschs.* Ulpisch-, Pernigel- und Kürbis-Strand, auf Dünen.
85. *Lolium temulentum L.* Lemsal, unter Getreide beim Matschin-Gesinde.
86. *L. remotum Schrk.* Flachsfelder bei Lemsal, in Pernigel und Kürbis.

Cyperaceae.

87. *Carex dioica L.* Lemsal, Moor am Leel-Esar beim Burtneck-Gesinde und bei der Parochialschule, am Duhne-Esar und sonst auf schwammigen Mooren gemein.
88. *C. Davalliana Sm.* Wainsel, Wiese bei der Riege.
89. *C. paludaris L.* Lemsal, Wiese beim Jaun-Zuhkaus-Gesinde; Wainsel, Brukzeem-Waldrand; Wilkenhof, Wiesenrand hinter der Mühle; Pernigel-Strand, Waldrand beim Steebre-Gesinde.
90. *C. chordorrhiza Ehrh.* Wainsel, Wezesar-Wiese; Lemsal, Moor beim Jaun-Zuhkaus-Gesinde.
91. *C. disticha Huds.* Lemsal, Gebüsch vor dem Matschin-Gesinde, Wiese beim Wilke-Burtneck-Gesinde, am Duhne-Esar beim Drogge-Gesinde.
92. *C. arenaria L.* Ulpisch-, Pernigel-, Kürbis- und Neu-Salis-Strand.
93. *C. vulpina L.* Wainsel, Wiese bei der Riege; Lemsal, Gräben hinter dem Liesmannschen Hause; Kadfer, Allee.
94. *C. muricata L.* Wegränder um Lemsal und Wainsel; ziemlich häufig.
    var. b. *virens Lmk.* Lemsal, Schlucht beim Burtneck-Gesinde.
95. *C. divulsa Good.* Wainsel, Gartenabhang.
96. *C. paradoxa Willd.* Lemsal, Wiesen bei der Sleike-Hoflage, bei dem Ehrme-, Gerkisch- und Jaun-Zuhkaus-Gesinde.
97. *C. paniculata L.* Wainsel, Garten, Brukzeem-Wald, Waldwiesenrand bei der Schenne; Lemsal, am Leel-Esar beim Burtneck-Gesinde (spärlich), im Gebüsch vor dem Matschin-Gesinde.

98. *Carex diandra* Rth. Wainsel, Wiesen beim Kokking-Gesinde; Lemsal, Wiesen zwischen beiden Seen.
99. *C. leporina* L. Häufig, besonders auf Viehweiden.
  var. b. *argyroglochin Hornem.* Lemsal, Gebüsch bei dem deutschen Kirchhof.
100. *C. echinata Murr.* Wainsel, Wiese hinter der Riege; Lemsal, Wiese beim Wilke-Burtneek-Gesinde; Wilkenhof, Wiesenrand hinter der Mühle; Kürbis-Strand, lichter Wald beim Kahlmann-Gesinde. Kommt überall mit weisshautrandigen Deckspelzen vor.
101. *C. elongata* L. Wainsel, Brukzeem-Wald, Waldwiesenrand bei der Scheune; Lemsal, Wiese vor dem Matschin-Gesinde; Pernigel-Strand, Waldschonung hinter dem Steebre-Gesinde.
  var. b. *Gebhardii Schk.* Lemsal, Wiesen beim Gerkisch-Gesinde, auf den Wiesen am Duhne-Esar beim Jaun-Zuhkaus- und Kaukul-Gesinde.
  var. c. *heterostachya Winm.* Wainsel, im Brukzeem-Walde; Lemsal, Wiese am Leel-Esar beim Zungatsch-Gesinde.
102. *C. canescens* L. Häufig.
103. *C. vitilis Fr.* Lemsal, Wiese beim Jaun-Zuhkaus-Gesinde.
104. *C. stricta Good.* Lemsal, Wiese beim Jaun-Zuhkaus-Gesinde.
105. *C. caespitosa* L. Häufig.
106. *C. gracilis Curt.* An Ufern häufig.
  var. b. *strictifolia Opitz.* Lemsal, Ufer des Duhne-Esar.
  var. c. *prolixa Fr.* Ebendaselbst.
107. *C. Goodenoughii Gay.* Durch das ganze Gebiet, auch häufig in den Varietäten:
  var. b. *juncella Fr.*
  var. c. *basigyna Rchb.*
  var. d. *melaena Winm.*
108. *C. Buxbaumii Wahlb.* Lemsal, Wiesen beim alten russischen Kirchhof und beim Jaun-Zuhkaus-Gesinde; Jungfernhof, Wiese beim Domet-Gesinde; Kürbis-Strand, Wiesen am Waldrande (Ährchen sehr gedrängt).
109. *C. pilulifera* L. Lemsal, lichte Stelle im Kronswalde beim Werner-Gesinde.
110. *C. ericetorum Poll.* Lemsal, Vertiefung vor dem lettischen Kirchhof (spärlich); Salismünde, Strandwald.
111. *C. verna Vill.* Lemsal, Waldränder und trockene Wiesen, so auf der Anhöhe beim alten russischen Kirchhof, beim Sillesemneek- und Schkobul-Gesinde.

112. *Carex limosa* L. Lemsal, Ufer des Duhne-Esar, des Maise-Esar, Moor beim Jaun-Zuhkaus-Gesinde.
113. *C. flacca* Schreb. Lemsal, Wiese beim Stadtforstei-Wäldchen.
114. *C. panicea* L. Durch das ganze Gebiet.
115. *C. vaginata* Tausch. Wainsel. Wäldchen am Juhge-Fluss am Winterwege nach Eesalkaje-Hoflage.
116. *C. pallescens* L. Auf trockenen Wiesen und im Gebüsch häufig.
117. *C. capillaris* L. Wainsel, Waldwiese im Brukzeem-Walde bei der Scheune, Wiese am Birkenwäldchen beim Kiet-Gesinde; Lemsal, Wiese beim Jaun-Zuhkaus-Gesinde.
118. *C. globularis* L. Lemsal. Feldwegrand bei Gräfenfeldt.
119. *C. distans* L. Lemsal, Wiese bei der Parochialschule in der Nähe der Scheune, Wiese beim Jaun-Zuhkaus-Gesinde (viele Ährchen).
120. *C. flava* L. Häufig.
121. *C. silvatica* Huds. Jungfernhof, Laubwald; Pernigel-Strand, Wald beim Lahzit-Gesinde (sehr spärlich).
122. *C. Pseudocyperus* L. Wainsel, Stauung; Lemsal, am Duhne-Esar beim Matschin-Gesinde; Pernigel, Pastoratswald bei der Brücke; Kürbis-Strand, Sumpf im Dünenwalde.
123. *C. rostrata* With. Lemsal, Wiesen am Duhne-Esar.
124. *C. vesicaria* L. Häufig an Ufern, auf Sümpfen und Mooren.
125. *C. spadicea* Rth. Lemsal, am Duhne-Esar beim Drogge- und Ehrme-Gesinde, Wiese beim Jaun-Zuhkaus-Gesinde.
126. *C. riparia* Curt. Pernigel-Strand, Tümpel auf der Wiese zwischen beiden Wäldern beim Kirr-Gesinde.
127. *C. filiformis* L. Lemsal, am Ufer des Duhne-Esar bei der Sleike-Hoflage, am Rande des Mel-Esar; Pernigel, am Bache im Pastoratswalde.
128. *C. hirta* L. Durch das ganze Gebiet.
129. *Rhynchospora alba* Vahl. Wilkenhof, Moor.
130. *Scirpus paluster* L. Häufig. Kommt bei Lemsal mit gestreiften Stengeln vor.
131. *S. pauciflorus* Lightf. Lemsal, Wiese beim Wilke-Burtneek-Gesinde.
132. *S. acicularis* L. Kürbis-Strand, am Wetterfluss.
133. *S. lacuster* L. Überall nur in der var. b. *Brayi Hoppe*.
134. *S. Tabernaemontani* Gmel. Kürbis, Lahnhof; Neu-Salis-Strand am Meere. (Entspricht ganz der var. *Brayi Hoppe*.)
135. *S. maritimus* L. Kürbis-Strand, am Ausfluss eines Baches im Dünenwalde.
136. *S. silvaticus* L. Häufig.

137. *Scirpus compressus Pers.* Lemsal, Wiesen beim Matschin-Gesinde und am Nordende des Leel-Esar.
138. *S. rufus Schrad.* Pernigel-Strand, Meeresufer in der Nähe des Sihpol-Gesindes.
139. *Eriophorum alpinum L.* Wainsel, Wiese am Wez-Esar; Lemsal, Moor beim Jaun-Zahkans-Gesinde.
140. *E. vaginatum L.* Auf Mooren und Sümpfen gemein.
141. *E. polystachium L.* Überall auf Torfwiesen und Sümpfen; häufig in den Varietäten:
    var. b. *elatius Koch.*
    var. c. *congestum Koch.*
    var. d. *laxum Koch.*
142. *E. latifolium Hoppe.* Lemsal, Wiesen am Leel- und Duhne-Esar; Kürbis-Strand, Wiesen am Wetterfluss beim Walde und an anderen Orten.
143. *E. gracile Koch.* Kürbis-Strand, Sumpf im Dünenwalde.

Typhaceae.

144. *Sparganium ramosum Huds.* Wainsel, Graben hinter dem Garten; Lemsal, Gräben am Duhne-Esar hinter dem Donau-Kruge. Vertiefung am Feldrande beim Matschin-Gesinde; Kürbis-Strand, Gräben im Dünenwalde und bei dem Matte-Gesinde.
145. *S. simplex Huds.* Lemsal, Graben hinter der russischen Kirche.
146. *S. minimum Fr.* Wainsel, Graben im Brukzeemwalde; Kürbis-Strand, Sumpfwiesen am Dünenwalde.
147. *Typha latifolia L.* Lemsal, am Leel- und Duhne-Esar; Kürbis-Strand, Sumpf im Dünenwalde.
148. *T. angustifolia L.* Lemsal, am Leel- und Duhne-Esar.

Juncaceae.

149. *Juncus communis E. Mey.* Häufig in den Varietäten:
    var. a. *effusus L.* (als Art).
    var. b. *conglomeratus L.* (als Art).
150. *J. balticus Willd.* Pernigel- und Kürbis-Strand (am letzteren Fundort spärlich).
151. *J. filiformis L.* Sumpfige Wiesen und feuchte Grabenränder um Lemsal und am Kürbis-Strande.
152. *J. compressus Jacq.* An Wegen und auf Wiesen, häufig.
153. *J. Gerardi Loisl.* Pernigel- und Kürbis-Strand.
154. *J. bufonius L.* Feuchte Stellen, gemein.
155. *J. alpinus Vill.* Überall verbreitet.

156. *Juncus lamprocarpus Ehrh.* Gemein.
157. *Luzula pilosa Willd.* In Wäldern und Gebüschen, häufig.
158. *L. campestris DC.* Gemein.
    var. a. *genuina Aschs.*
    var. b. *multiflora Lejeune.* In Wäldern.

Liliaceae.

(3). *Hemerocallis flava L.* Lemsal, lettischer Kirchhof, verwildert.
(4). *Tulipa silvestris L.* Lemsal, im Garten von Frl. Reusner, verwildert.
159. *Gagea silvatica Loudon.* Wainsel, Garten; Lemsal, im Garten von Kruse.
160. *G. minima Schult.* In Gärten, Parks und Grasplätzen.
(5). *Ornithogalum umbellatum L.* Lemsal, auf dem alten russischen Kirchhof angepflanzt und verwildert.
161. *Allium ursinum L.* Kürbis-Strand, Laubwald am Wetterfluss.
(6). *A. Schoenoprasum L.* Lemsal, in Gärten gebaut und verwildert.
162. *A. oleraceum L.*
    var. b. *carinatum L.* Pernigel-Strand, Abhang beim Pastorats-Badehause, Feldrand beim Tschumm-Gesinde, Pernigel (B. f. e.).
163. *Paris quadrifolius L.* Lemsal, Waldrand beim Jaun-Zuhkaus-Gesinde; Pernigel-Strand, Waldabhänge am Bache; Kürbis-Strand, Wälder.
164. *Polygonatum officinale All.* Kürbis-Strand, Abhänge im Dünenwalde am Wetterfluss.
165. *P. multiflorum All.* Pernigel-Strand, Waldabhang am Bache (spärlich); Kürbis-Strand, Waldabhänge am Wetterfluss.
166. *Convallaria majalis L.* Lemsal, Waldrand beim Jaun-Zuhkaus-Gesinde, deutscher Kirchhof, Jungfernhof und an anderen Orten.
167. *Majanthemum bifolium F. W. Schmidt.* Häufig in Wäldern und Gebüschen.
168. *Asparagus altilis Aschs.* Kürbis-Strand, Hügel im Dünenwalde beim Badehause.

Iridaceae.

169. *Iris Pseudacorus L.* Wainsel, Waldsumpf hinter der Kauder-Hoflage; Lemsal, am Duhne-Esar, besonders beim Torfstich; Tegasch, beim Wäldchen.
(7). *I. germanica L.* Lemsal, auf den Kirchhöfen verwildert.
170. *Gladiolus imbricatus L.* Laudohn, Wiesen.

Orchidaceae.

171. *Orchis incarnata L.* Wainsel, Wiese am Wez-Esar; Lemsal, Wiesen bei der Sleike-Hoflage und beim Drogge-Gesinde; Pernigel-Strand, beim Steebre-Gesinde.

172. *Orchis maculata* L. Lemsal, Gebüsch vor dem Matschin-Gesinde, hinter dem Ehrme- und Drogge-Gesinde, bei der Parochialschule, Wiese hinter dem Stekle-Krug; Ladenhof, bei der Gemeindeschule.
Eine Schattenform mit ungefleckten Blättern: Jungfernhof, Laubwald; Pernigel-Strand, Wald beim Steebre-Gesinde.
173. *Gymnadenia conopea* R. Br. Wainsel, Waldwiese im Brukzeemwalde; Lemsal, Wiesen beim Jaun-Zuhkans-Gesinde.
174. *Platanthera bifolia* Rchb. Lemsal, Wiese bei der Parochialschule; Jungfernhof, Laubwald und an anderen Orten.
175. *Epipactis latifolia* All. Pernigel-Strand, Dünenwaldrand beim Kirr-Gesinde.
var. b. *varians* Crtz. Pernigel-Strand, Wald hinter dem Steebre-Gesinde.
176. *E. rubiginosa* Gaud. Ulpisch-, Pernigel- und Kürbis-Strand, im Dünenwalde.
177. *E. palustris* Crtz. Wainsel, Wiese bei der Riege; Lemsal, Wiesen; Kürbis-Strand, Wiesen am Walde des Wetterflusses.
178. *Neottia Nidus aris* Rich. Kürbis-Strand, Schluchten im Dünenwalde.
179. *N. ovata* Bl. et Fingerh. Pernigel-Strand, Waldwiese (sehr spärlich); Kürbis-Strand, Schluchten im Dünenwalde.

Araceae.

180. *Calla palustris* L. Lemsal, am Nordrande des Leel-Esar, Graben am Duhne-Esar beim Sillesemneek-Gesinde.
181. *Acorus Calamus* L. An Ufern häufig.

Lemnaceae.

182. *Lemna trisulca* L.
183. *L. minor* L.
184. *L. polyrrhiza* L. Lemsal, in beiden Seen.

Najadaceae.

185. *Zostera marina* L. Ostsee.
186. *Zannichellia palustris* L.
var. a. *genuina* Aschs. In den Formen:
f. 1. *repens* Bönningh. Kürbis-Strand, am Meere in ganz flachem Wasser und in Tümpeln.
f. 2. *polycarpa* Nolte. Neu-Salis-Strand, Tümpel neben der Swehtuppe-Mündung.
var. b. *pedicellata* Wahlenb. Ulpisch- und Pernigel-Strand, im Meere.
187. *Potamogeton natans* L. Häufig in Gewässern.

188. *Potamogeton polygonifolius Pourret.* Wainsel, im Juhge-Bache, Kreuzungsstelle des Winterweges von Wainsel nach Eesalkaje-Hoflage.
189. *P. alpinus Balbis.* Wilkenhof, Graben im Sumpf unterhalb der Mühle; Kürbis-Strand, im Wetterfluss unweit des Bridak-Kruges, im Grenzgraben zwischen Kürbis und Lahnhof im Dünenwalde.
190. *P. perfoliatus L.* Häufig in Gewässern.
191. *P. lucens L.* Lemsal, Leel-Esar; Kürbis-Strand, Mündung des Wetterflusses.
192. *P. obtusifolius M. et K.* Lemsal, Torflöcher beim Donau-Kruge, Tümpel am Mühlengraben und beim Wilke-Burtneek-Gesinde.
193. *P. pusillus L.*
    var. a. *vulgaris Koch.* Kürbis-Strand, Grenzgraben bei Lahnhof.
    var. b. *tenuissimus M. et K.* Lemsal, Torflöcher am Leel-Esar beim Langatsch-Gesinde: Wilkenhof, Teich im Hofe.
194. *P. pectinatus L.* Lemsal, Leel-Esar, Mühlenteich und Schlossteiche.
195. *P. marinus L.* Pernigel-Strand, im Meere beim Steebre- und Uhke-Gesinde; Neu-Salis-Strand, Tümpel am Meere.

Hydrocharitaceae.

196. *Stratiotes Aloides L.* Wainsel, Stauung; Lemsal, Leel- und Duhne-Esar; Wilkenhof, Mühlenstauung; Kürbis-Strand, Sumpf im Dünenwalde.
197. *Hydrocharis Morsus ranae L.* Lemsal, Torflöcher beim Donau-Kruge, im Leel- und Duhne-Esar; Wilkenhof, Mühlenstauung; Kürbis-Strand, Sumpf im Dünenwalde.

Juncaginaceae.

198. *Scheuchzeria palustris L.* Wainsel, Randzone des Saarumschen Moores; Lemsal, Westrand des Maise-Esar.
199. *Triglochin maritima L.* Pernigel-Strand, beim Steebre-Gesinde; Lahnhof-Strand, Meeresufer.
200. *T. palustris L.* Auf feuchten Wiesen, häufig.

Alismaceae.

201. *Alisma Plantago L.* An Ufern und in Gräben.
202. *Sagittaria sagittaefolia L.* Lemsal, am Nordende des Leel-Esar, Torflöcher beim Drogge-Gesinde (spärlich); Kürbis-Strand, Mündung des Wetterflusses.

Butomaceae.

203. *Butomus umbellatus L.* Lemsal, Mühlengraben am Duhne-Esar; Kürbis-Strand, Mündung des Wetterflusses.

Dicotyledones.
Sympetalae.
Convolvulaceae.

204. *Cuscuta europaea L.* Wainsel, Garten; Lemsal, Gärten; Pernigel-Strand, im Walde am Bache; Kürbis-Strand, Gebüsch am Wetterfluss.
205. *Convolvulus sepium L.* Lemsal, Gärten; Pernigel-Strand, Gebüsch beim Steebre-Gesinde; Kürbis-Strand, Gebüsch am Meeresufer beim Mellik-Gesinde.
206. *C. arvensis L.* Lemsal, bei der russischen Kirche, am Wege hinter dem deutschen Kirchhof; Wainsel, bei der Schleuse; Pernigel-Strand, beim Steebre-Gesinde; Kürbis-Strand, Mündung des Wetterflusses.

Polemoniaceae.
207. *Polemonium coeruleum L.* Lemsal, Wäldchen hinter dem Jaun-Zuhkaus-Gesinde (vereinzelt), auf dem lettischen Kirchhof angepflanzt und verwildert.

Borraginaceae.
208. *Asperugo procumbens L.* Pernigel-Strand, beim Steebre-Gesinde.
209. *Lappula Myosotis Mnch.* Pernigel-Strand, beim Steebre-Gesinde.
210. *Cynoglossum officinale L.* Lemsal, beim Drogge-Gesinde; Ulpisch-, Pernigel- und Kürbis-Strand, ziemlich verbreitet.
(8). *Borrago officinalis L.* Lemsal, in Gärten verwildert.
211. *Anchusa officinalis L.* Auf Feldrändern, trockenen Hügeln und Ruderalplätzen, gemein.
    var. b. *angustifolia Rchb.* Lemsal, auf der Anhöhe hinter dem Burtneck-Gesinde.
212. *A. arvensis M. B.* Auf Feldern.
213. *Symphytum officinale L.* Lemsal, Gartenzaun gegenüber Thiels Fabrik.
214. *Echium vulgare L.* Ulpisch-Strand, beim Wahrse-Gesinde; Pernigel-Strand, beim Lahzit-Gesinde.
215. *Pulmonaria officinalis L.* Lemsal, Pastoratsgarten; Jungfernhof, Laubwald; Kürbis-Strand, Wald am Wetterfluss.
216. *Lithospermum officinale L.* Pernigel-Strand, beim Lahzit-Gesinde.
217. *L. arvense L.* Lemsal, Felder (selten); Pernigel-Strand, beim Tschumm-Gesinde.
218. *Myosotis palustris With.*
    var. a. *genuina Aschers.* Auf Wiesen, Sümpfen, an Gräben, häufig.
    var. b. *strigulosa Rchb.* Lemsal, am Leed-Esar beim Burtneck-Gesinde. Ebendaselbst auch die Form:
        f. 2. *laxiflora Rchb.*

219. *Myosotis caespitosa Schultz.* Lemsal, Wiese beim alten russischen Kirchhof und beim Jaun-Zuhkaus-Gesinde.
220. *M. arenaria Schrad.* Lemsal, Felder. Ebendaselbst in den Varietäten:
var. b. *basiantha Rchb.*
var. c. *multicaulis Rchb.*
221. *M. intermedia Lk.* Auf Feldern.
222. *M. sparsiflora Mikan.* Ulpisch-Strand, Wäldchen beim Erlausk-Gesinde.

Solanaceae.

223. *Solanum nigrum L.* In Gemüsegärten, auf Feldern.
224. *S. Dulcamara L.* Im Gebüsch, an Waldrändern, verbreitet.
225. *Hyoscyamus niger L.* Lemsal, beim Schloss; Wilkenhof, Hof.
226. *Datura Stramonium L.* Hin und wieder in Gärten; so in Lemsal, beim Jaun-Zuhkaus-Gesinde, in Wilkenhof am Mühlenteichrande, in den Gärten des Pernigel-Strandes und an anderen Orten.

Scrophulariaceae.

227. *Verbascum Thapsus L.* Lemsal, Gärten; Wilkenhof, Park; Pernigel- und Kürbis-Strand häufig.
228. *V. nigrum L.* Überall häufig.
229. *Scrophularia nodosa L.* In feuchten Gebüschen verbreitet; so in Wainsel bei der Schleuse, bei Lemsal an den Seerändern.
230. *Linaria vulgaris Mill.* Lemsal, Wegränder hinter der Stadtforstei; Pernigel- und Kürbis-Strand, auf Dünen gemein. (Hier der ganze Stengel drüsenhaarig.)
(9). *L. Cymbalaria Dill.* Lemsal, auf dem Hof von Frl. Poresch verwildert.
231. *L. minor Desf.* Pernigel-Strand, beim Lahzit-Gesinde, am Meere.
232. *Veronica scutellata L.* Lemsal, Feldniederung zum Matschin-Gesinde hin; Pernigel-Strand, Waldschonung hinter dem Steebre-Gesinde.
233. *V. Anagallis aquatica L.* Lemsal, Graben bei der Parochialschule, Mühlengraben; Kürbis-Strand, am Wetterfluss beim Matte-Gesinde.
234. *V. Beccabunga L.* An Bachufern, in Gräben.
235. *V. Chamaedrys L.* Überall verbreitet.
236. *V. officinalis L.* In trockenen Wäldern.
237. *V. latifolia L.* Nur in der
var. b. *minor Schrad.* Pernigel-Strand, beim Sihpol-Gesinde.
238. *V. longifolia L.* Häufig im Gebüsch. Unterschieden folgende Varietäten:
var. a. *vulgaris Koch.* Kürbis-Strand, Wiesen am Wetterfluss.
var. b. *maritima L.* Lemsal, am Leel-Esar beim Burtneck-Gesinde.
var. c. *ciliaris Hoffm.* Lemsal, am Duhne-Esar beim Ehrme-Gesinde.
var. d. *quadrifolia Schrk.* Ebendaselbst.

239. *Veronica spicata L.* Kürbis-Strand, Dünen am Wetterfluss.
240. *V. serpyllifolia L.* Auf Feldern, Grasplätzen und an Waldrändern, häufig.
241. *V. arvensis L.* Lemsal, Felder.
242. *V. verna L.* Lemsal, Felder.
243. *V. agrestis L.* Wainsel, Garten; Lemsal, Gärten.
244. *Euphrasia Odontites L.* Auf Feldern, in Gärten.
245. *E. officinalis L.* Überall gemein.
    var. a. *pratensis Fr.* Auf Wiesen; desgleichen:
    var. b. *nemorosa Pers.*
    var. c. *micrantha Rchb.*
246. *Alectorolophus major Rchb.* Häufig auf Wiesen.
247. *A. minor Wimm. et Grab.* Gemein auf Wiesen, mit der Varietät:
    var. b. *fallax Wimm. et Grab.*
248. *Pedicularis palustris L.* Häufig auf Torf- und Sumpfwiesen.
249. *P. Sceptrum Carolinum L.* Wainsel, Wiesen im Brukzeemwalde; Lemsal, Wiesen beim Gerkisch-Gesinde und bei Wirbatten.
250. *Melampyrum nemorosum L.* Auf Buschwiesen und an Waldrändern, häufig.
251. *M. pratense L.* Wiesen und Waldränder.
252. *M. silvaticum L.* Wainsel, Brukzeemwald; Kürbis-Strand, Dünenwaldrand bei Lahnhof, Waldrand am Wetterfluss.
253. *Orobanche pallidiflora Wimm. et Grab.* Pernigel - Strand, Waldschonung hinter dem Steebre-Gesinde, rechts vom Waldwege (Juli 1890).
Lathraea Squamaria L. Wenden; Lodenhof, Waldabhang am See (1891).

Labiatae.

254. *Elssholzia Patrinii Grke.* Lemsal, in Gärten, an Zäunen.
255. *Mentha aquatica L.*
    var. a. *capitata Wimm.* Kürbis-Strand, am Wetterfluss.
256. *M. arvensis L.* Auf Äckern und Wiesen.
257. *Lycopus europaeus L.* Lemsal, Gebüsch vor dem Matschin-Gesinde, Uferränder des Leel-Esar; Kürbis-Strand, Viehweiden und Sümpfe.
258. *Origanum vulgare L.* Wainsel, Brukzeemwald; Lemsal, Schluchten hinter dem Burtneck-Gesinde; Kürbis-Strand, Wald am Wetterfluss.
259. *Thymus Serpyllum L.* An trockenen Abhängen, Grasplätzen, in Nadelwäldern, gemein.
    var. a. *Chamaedrys Fr.* Wainsel, Wegränder vor dem Kiet-Gesinde; Lemsal, Wegrand im Wäldchen bei dem Wilbak-Gesinde.
    var. b. *angustifolius Schreb.* Pernigel- und Kürbis-Strand.

260. *Calamintha Acinos Clairv.* Lemsal, dürre Hügel und an anderen Orten.
261. *C. Clinopodium Spenner.* Lemsal, Gebüsch beim lettischen Kirchhof, bei der Flachsweiche gegenüber dem Wilke-Burtneek-Gesinde, Waldrand am Mell-Esar; Pernigel-Strand, am Bache; Kürbis-Strand, am Wetterfluss.
262. *Nepeta Cataria L.* Wainsel, Schlossberg; Lemsal, Gärten; Pernigel-Strand, beim Steebre-Gesinde.
263. *N. Glechoma Benth.* Waldränder, Parks, Gebüsche.
264. *Lamium amplexicaule L.* Wilkenhof, Hof (spärlich); Pernigel-Strand, beim Steebre-Gesinde.
265. *L. incisum Willd.* Lemsal, Felder.
266. *L. purpureum L.* Auf Feldern, in Gemüsegärten.
267. *L. album L.* In Parks und Gärten.
268. *L. Galeobdolon Crntz.* Lemsal, Laubwald bei der Stadtforstei (spärlich).
269. *Galeopsis Tetrahit L.* Auf Feldern, in Gemüsegärten.
270. *G. speciosa L.* Ebendaselbst.
271. *G. Ladanum L.*
 var. b. *angustifolia Ehrh.* Lemsal, beim Burtneek-Gesinde.
272. *Stachys silvatica L.* Jungfernhof, Laubwald; Pernigel-Strand, Wald am Bache; Kürbis-Strand, Wald am Wetterfluss.
273. *S. palustris L.* Im Gebüsch und auf Feldern.
274. *Leonurus Cardiaca L.* Lemsal, beim Schloss.
275. *Scutellaria galericulata L.* Im Gebüsch, an Waldrändern.
276. *Brunella vulgaris L.* Überall verbreitet.

Plantaginaceae.

277. *Plantago major L.* An Wegen.
278. *P. media L.* Überall.
279. *P. lanceolata L.* Auf Grasplätzen und Wiesen.
280. *P. maritima L.* Pernigel-Strand, beim Steebre-Gesinde; Kürbis-Strand, beim Dsenn-Gesinde.

Oleaceae.

281. *Fraxinus excelsior L.* In Wäldern und angepflanzt.
(10). *Syringa vulgaris L.* Lemsal, lettischer Kirchhof, verwildert (!).

Gentianaceae.

282. *Menyanthes trifoliata L.* Überall auf Sümpfen und Torfmooren, an Uferrändern und an Moosmoorrändern.
283. *Gentiana Amarella L.* Ziemlich häufig.

284. *Erythraea Centaurium Pers.* Pernigel-Strand, Waldrand hinter dem Kirr-Gesinde.
285. *E. linariaefolium Pers.* Pernigel-Strand, beim Steebre- und Sihpol-Gesinde.
286. *E. pulchella Fr.* Pernigel-Strand, beim Lahzit-Gesinde (nur 2 Exemplare); Neu-Salis-Strand, Grasplätze am Meere; in der var. b. *ramosissima*.

Rubiaceae.

287. *Asperula odorata L.* Pernigel-Strand, Bachabhang im Walde; Kürbis-Strand, Schluchten im Walde am Wetterfluss; Wilkenhof, Wald (massenhaft: M. Willkomm, Streifzüge, 1872, pag. 87).
288. *Galium Aparine L.* Häufig.
289. *G. uliginosum L.*
290. *G. palustre L.*
291. *G. boreale L.* Lemsal, Gebüsch gegenüber dem Jaun-Zuhkans-Gesinde; Kürbis-Strand, Sumpfrand im Dünenwalde.
292. *G. verum L.* Pernigel- und Kürbis-Strand.
293. *G. Mollugo L.*
294. *G. verum L.* × *Mollugo L.* Kürbis-Strand, Dünen am Wetterfluss.

Caprifoliaceae.

(11). *Sambucus nigra L.* Lemsal, Gärten (verwildert?).
295. *Viburnum Opulus L.* Im Ufergebüsch.
296. *Lonicera Xylosteum L.* Pernigel-Strand, Wälder; Kürbis-Strand, Dünenwald.
297. *Linnaea borealis L.* Pernigel- und Kürbis-Strand, Dünenwald. Salis (Schmidt, sec. Wied. et Web. pag. 353).

Valerianaceae.

298. *Valeriana officinalis L.* Im Ufergebüsch, auf Wiesen, im Binnenlande, sowie in den Strandgegenden.

Dipsaceae.

299. *Knautia arvensis Coult.* Wegränder, Wiesen.
300. *Succisa praemorsa Asch.* Auf Wiesen, im Gebüsch.

Campanulaceae.

301. *Jasione montana L.* Wainsel, Anhöhe am Flusse; Lemsal, Sandgrube beim lettischen Kirchhof; Kürbis-Strand, Dünenwald.

302. *Phyteuma spicatum* L. Wainsel, Brukzeemwaldrand; Lemsal, Kronswald beim Werner-Gesinde, Gebüsch bei der Parochialschule, Wäldchen hinter dem Jaun-Zuhkaus-Gesinde; Jungfernhof, Laubwald; Kürbis-Strand, Wald am Wetterfluss.
303. *Campanula rotundifolia* L. Wainsel und Lemsal, an Wegen; Kürbis-Strand, Dünenwaldrand.
    var. b. *tenuifolia* Hoffm. Wainsel und Lemsal, Wegränder.
304. *C. rapunculoides* L. Wainsel, Gartenabhang; Kürbis-Strand, Wald am Wetterfluss.
305. *C. Trachelium* L. Lemsal, Gärten; Cadfer, Allee.
    var. b. *dasycarpa* Koch. Lemsal, Gärten.
    var. c. *urticaefolia* Schmidt. Pernigel-Strand, Feldwegränder beim Lahzit-Gesinde; Kürbis-Strand, Waldrand am Wetterfluss.
306. *C. latifolia* L. Kürbis-Strand, Waldränder am Wetterfluss.
307. *C. patula* L. Überall häufig.
308. *C. persicifolia* L. Kürbis-Strand, Dünenwaldrand.
    var. b. *eriocarpa* M. et K. Wainsel, Laubwald nach Saarum zu (spärlich); Pernigel-Strand, Wald beim Kirr-Gesinde.
309. *C. Cervicaria* L. Lemsal, Kronswaldrand beim Zaunit-Gesinde; Pernigel-Strand, Waldschonung hinter dem Steebre-Gesinde, Waldrand beim Uhke-Gesinde; Kürbis-Strand, Wiesen am Waldrand beim Wetterfluss.
310. *C. glomerata* L. Sehr verbreitet.
    var. b. *elliptica* Kit. Lemsal, Grabenränder bei Gräfenfeldt.

Compositae.

311. *Eupatorium cannabinum* L. Lemsal, Torflöcher bei der Parochialschule, Gebüsch vor dem Matschin-Gesinde; Pernigel-Strand, am Bache, am Graben beim Steebre-Gesinde; Kürbis-Strand, am Wetterfluss.
312. *Tussilago Farfarus* L. Lemsal, hinter dem Ehrme-Gesinde; Wainsel, beim Kokking-Gesinde; Pernigel-Strand, häufig.
313. *Petasites tomentosus* DC. Pernigel-Strand (zerstreut); Kürbis-Strand (selten).
(12). *Stenactis annua* Nees. Lemsal, Gärten, auf dem lettischen Kirchhof verwildert.
314. *Erigeron canadensis* L. Pernigel-Strand, beim sogenannten Brandtschen Badehause, Feldränder beim Bormanns-Gesinde, auf Feldern bei Purmalzeem an der Strandstrasse.
316. *E. acer* L. Auf trockenen Hügeln, im Gebüsch und am Strande häufig.

(13). *Bellis perennis L.* Lemsal, Gärten, auf dem lettisch. Kirchhof verwildert.
317. *Solidago virga aurea L.* Überall.
(14). *Inula Helenium L.* Lemsal, beim Donau-Kruge verwildert.
318. *I. salicina L.* Lemsal, bei Wirbutten und Uttazeem am Wege.
319. *I. britannica L.* Pernigel-Strand, beim Steebre-Gesinde.
(15). *Helianthus annuus L.* Lemsal, auf dem alten russischen Kirchhof und an anderen Orten verwildert.
320. *Bidens tripartitus L.* Auf Viehweiden, an Gräben und Ufern.
321. *B. cernuus L.* An gleichen Orten mit der:
   var. b. *radiatus DC.*
322. *Filago arvensis L.* Lemsal, beim Drogge-Gesinde; Pernigel-Strand, beim Tschumm-Gesinde, Felder beim Dunte-Kruge; Kürbis-Strand, Dünenwaldrand, ca. 1 Werst hinter dem Grünthal-Kruge.
323. *Gnaphalium silvaticum L.* Häufig.
324. *G. uliginosum L.* An feuchten Stellen verbreitet.
325. *G. dioicum L.* Trockene Wiesen, Abhänge, Nadelwälder und an anderen Orten.
326. *Helichrysum arenarium DC.* Ulpisch-Strand, beim Gutsbadehause.
327. *Artemisia Absinthium L.* Ulpisch-, Pernigel-, Kürbis- und Neu-Salis-Strand, häufig.
328. *A. campestris L.* Häufig.
329. *A. vulgaris L.* Häufig.
(16). *A. Abrotanum L.* Lemsal, auf dem lettischen Kirchhof verwildert.
330. *Achillea Ptarmica L.* Nur in der Varietät
   var. b. *cartilaginea DC.* Pernigel-Strand, Graben am Dünenwalde beim Kirr-Gesinde.
331. *A. Millefolium L.* Sehr verbreitet.
332. *Anthemis tinctoria L.* Auf Feldern, besonders im Klee.
333. *A. arvensis L.* Auf Feldern.
334. *Chrysanthemum Leucanthemum L.* Verbreitet.
335. *C. vulgare Bernh.* Lemsal, beim lettischen Kirchhof.
(17). *C. Balsamita L.* Lemsal, lettischer Kirchhof, verwildert!
336. *C. Chamomilla Bernh.* Lemsal, Gärten.
337. *C. suaveolens Asch.* Lemsal, Landstrassen.
338. *C. inodorum L.* Häufig.
   var. b. *maritimum Pers.* Am Strande.
339. *Arnica montana L.* Pernigel-Strand, Waldrand beim Kirr-Gesinde, auf dem Heuschlage daselbst zwischen beiden Wäldern. „Die Strahlenblüthen behaart" *).

---

*) Im Jahre 1890 teilte mir Rapp über A. mont. folgendes mit: „Von der Arnica habe ich nur 3 Exemplare gefunden, die ihre Existenz nur dem Umstande

340. *Senecio vulgaris L.* Verbreitet.
341. *S. viscosus L.* Pernigel- und Kürbis-Strand.
342. *S silvaticus L.* Pernigel-Strand, Waldschonung hinter dem Steebre-Gesinde (in Menge); Kürbis-Strand, Sumpfrand im Dünenwalde (vereinzelt).
343. *S. Jacobaea L.* Lemsal, beim lettischen Kirchhof, beim Drogge-Gesinde und an anderen Orten; Pernigel-Strand, Waldschonung am Bache, Pastoratswald bei der Brücke.
344. *S. paludosus L.* Pernigel-Strand, am Bache; Kürbis-Strand, am Wetterfluss.
(18). *Calendula officinalis L.* Lemsal, auf dem lettischen Kirchhof verwildert.
345. *Centaurea Jacea L.* Verbreitet, ebenso:
 var. b. *livonica Weinmann.*
346. *C. nigra L.* Lemsal, Schlucht beim Lemsal-Pastorat, und Wirbutten.
347. *C. Cyanus L.* Auf Feldern.
(19). *C. montana L* Lemsal, im Garten von Frl. Poresch verwildert.
348. *C. Scabiosa L.* An Wegrändern.
349. *Lappa officinalis All.* Lemsal, am Wege nach Tegasch; Pernigel-Strand, beim Steebre-Gesinde und beim sogenannten Brandtschen Badehause; Kürbis-Strand.
350. *L. glabra Lmk.* Ziemlich häufig.
 var. Zwischenform zwischen *L. glabra Lmk.* und *L. officinalis All.* Lemsal.
351. *L. tomentosa L.* Gemein.
352. *Carduus crispus L.* Lemsal, Strassen.
353. *Cirsium lanceolatum Scop.* An Zäunen und Wegen.
354. *C. oleraceum Scop.* Wainsel, Garten; Lemsal, Gebüsch vor dem Matschin-Gesinde; Pernigel-Strand, im Walde am Bache; Kürbis-Strand, Waldränder.
355. *C. heterophyllum All.* Lemsal, Wirbutten, Wiesenrand beim Jaun-Zuhkaus-Gesinde; Pernigel-Strand, Waldschonung hinter dem Steebre-Gesinde.
 var. b. *indivisum DC.* Wainsel, Wiese hinter der Riege.
356. *C. palustre Scop.* Verbreitet auf Wiesen und Mooren.

verdanken, dass sie sich in einer Schonung befanden. Der übrige Teil des Heuschlages wird gemäht. Nach älteren Angaben (vor etwa 12 Jahren) ist diese Pflanze auch hier, aber an anderen Fundstellen beobachtet worden. Es ist damals der Heuschlag nicht gemäht worden. Es ist also unzweifelhaft, dass sie hier eine grössere Verbreitung gehabt hat. Kultiviert ist diese Wiese auch nicht worden. Es dürften mit der Zeit auch die letzten Exemplare ausgerottet werden, falls sie nicht besonders geschützt werden".

357. *Cirsium arvense Scop.* Oft lästiges Unkraut, auch in den Varietäten:
　　var. b. *mite Koch.*
　　var. c. *horridum Koch.*
358. *Lampsana communis L.* In Gärten, Parks, Feldern.
359. *Leontodon autumnalis L.* Häufig, ebenso:
　　var. a. *vulgaris auct.*
　　var. b. *pratensis Koch.*
360. *L. hispidus L.* Häufig, ebenso:
　　var. a. *vulgaris Koch.*
　　var. b. *hastilis L.*
361. *Cichorium Intybus L.* Lemsal, Gärten, Ruderalplätze.
362. *Tragopogon pratensis L.* Auf Grasplätzen.
　　var. b. *orientalis L.* Lemsal, bei der russischen Kirche; bei der Ubbenormschen Kirche; Wilkenhof, Park.
363. *T. floccosus W. et Kit.* Kürbis-Strand, Dünen am Wetterfluss.
364. *Scorzonera humilis L.* Wainsel, Wiese bei der Riege, bei der Hoflage Eesalkaje; Lemsal, Wirbatten, beim ersten Hochrosenschen Gesinde.
　　var. b. *lanata Schrenk.* Wainsel, Wiese bei der Riege.
　　[var. c. *plantaginea Schleicher.* (Keine Fundortsangabe!)]
　　var. d. *macrorrhiza Schleich.* Lemsal, Wiese beim Werner-Gesinde.
365. *Hypochoeris radicata L.* Pernigel-Strand, Waldschlag hinter dem Pidd-Gesinde, rechts vom Wege, der zum Dunte-Kruge führt.
366. *Archyrophorus maculatus Scop.* Pernigel-Strand, Wald beim Kirr-Gesinde; Kürbis-Strand, Dünenwaldrand.
367. *Taraxacum vulgare Schrk.* Gemein.
368. *Lactuca muralis Less.* Pernigel- und Kürbis-Strand, Wälder.
369. *Sonchus oleraceus L.* Gemüsegärten, Kartoffelfelder.
　　var. b. *triangularis Wallr.* Kürbis-Strand, Gärten.
370. *S. asper All.* Gemüsegärten.
371. *S. arvensis L.* Gärten, Felder.
　　var. b. *uliginosus MB.* Kürbis-Strand, Felder.
372. *Crepis tectorum L.* Durch das ganze Gebiet.
　　var. b. *segetalis Roth.* Lemsal, auf Mauern des lettischen Kirchhofs; Kürbis-Strand, Sandfelder beim Matte-Gesinde.
373. *C. mollis Aschs.* (var. b. *succisaefolia Aschs.*). Lemsal, Wiesen am Nordende des Leel-Esar; Wainsel, Garten; Jungfernhof, Laubwald (in Menge); Kürbis-Strand, Waldränder am Wetterfluss.
374. *C. paludosa Mnch.* Feuchte Gebüsche und Wälder.
375. *Hieracium Pilosella L.* An trockenen Stellen, häufig.
376. *H. Auricula L.* Lemsal, trockene Grabenränder.

377. *Hieracium praealtum Vill.* Durch das Gebiet verbreitet.
    var. a. *verum Aschs.* Lemsal, Gräben bei der Parochialschule, Anhöhe gegenüber dem Jaun-Zuhkaus-Gesinde.
378. *H. cymosum L.* Pernigel-Strand, Waldrand beim Steebre-Gesinde (spärlich).
379. *H. pratense Tausch.* Ulpisch, Strandwiesen; Pernigel-Strand, Waldschonung hinter dem Steebre-Gesinde; Lemsal, Kronswald.
380. *H. Pilosella × pratense* Kürbis-Strand, Dünenwald.
381. *H. murorum L.* Kürbis-Strand, Waldabhänge am Wetterfluss.
382. *H. boreale Fr.* Kürbis-Strand, Abhang am Wetterfluss, nicht weit vom Bridak-Kruge.
383. *H. umbellatum L.* In mehreren Varietäten verbreitet.
    var. b. *coronopifolium Bernh.* Lemsal, lettischer Kirchhof.

Lentibulariaceae.

384. *Pinguicula vulgaris L.* Lemsal, Wiesen bei der Stadt und an anderen Orten.
385. *Utricularia vulgaris L.* Kürbis-Strand, Sumpf im Dünenwalde.
386. *U. intermedia Hayne.* Lemsal, am Leel-Esar vor dem Urrax-Gesinde, im Moor beim Jaun-Zuhkaus-Gesinde.

Primulaceae.

387. *Anagallis arvensis L.* Lemsal, lettischer Kirchhof (vereinzelt).
388. *Trientalis europaea L.* Wälder und Gebüsche.
389. *Lysimachia thyrsiflora L.* Lemsal, am Nordende des Leel-Esar, Torfgräben bei der Parochialschule; Wilkenhof, Park und an anderen Orten.
390. *L. vulgaris L.* Lemsal, im Gebüsch, besonders an Seerändern, und an anderen Orten.
391. *L. Nummularia L.* Ruthern, am Wege zum Meere (vereinzelt); Kürbis-Strand, Wiesen am Wetterfluss.
392. *Glaux maritima L.* Pernigel-Strand, beim Steebre- und Sihpol-Gesinde.
393. *Androsaces septentrionale L.* Pernigel-Strand, Abhang zum Meere beim Sihpol-Gesinde; Salismünde, Strandwald.
394. *Primula farinosa L.* Auf Torfwiesen.
395. *P. officinalis Jcq.* Wainsel, Schlossruine; Lemsal, Schlucht beim Lemsal-Pastorat.
396. *Hottonia palustris L.* Wainsel, Stauung.

Hypopityaceae.

397. *Monotropa Hypopitys L.*
  var. a. *hirsuta Rth.* Pernigel, Wald beim Pastorat; Kürbis-Strand, Dünenwald.
398. *Pirola rotundifolia L.* Überall an geeigneten Standorten.
399. *P. chlorantha Sw.* Pernigel-Strand, Dünenwald beim Kirr-Gesinde; Kürbis-Strand, Dünenwaldränder.
400. *P. minor L.* Kürbis-Strand, Dünenwald.
401. *P. uniflora L.* Pernigel-Strand, Wald beim Steebre-Gesinde; Kürbis-Strand, Niederung im Dünenwalde (spärlich).
402. *Chimophila umbellata Nutt.* Pernigel-Strand, Wald beim Kirr-Gesinde (vereinzelt); Kürbis-Strand, Dünenwald (zerstreut).
403. *Ramischia secunda Grke.* In feuchten Wäldern überall.

Rhodoraceae.

404. *Ledum palustre L.* Moore.

Ericaceae.

405. *Calluna vulgaris Salisb.* Sehr verbreitet.

Siphonandraceae.

406. *Vaccinium Myrtillus L.* Feuchte Wälder.
407. *V. uliginosum L.* Moore und moorige Wälder.
408. *V. Vitis Idaea L.* Wälder, Gebüsche und Moore.
409. *V. Oxycoccus L.* Moore.
410. *Arctostaphylos uvae ursi Spr.* Pernigel- und Kürbis-Strand, Dünenwald.
411. *Andromeda polifolia L.* Moore.

Empetraceae.

412. *Empetrum nigrum L.* Lemsal, Moore.

Choripetalae.
Ceratophyllaceae.

413. *Ceratophyllum demersum L.* Lemsal, Schlossteiche, Duhne-Esar; Kürbis-Strand, Sumpf im Dünenwalde.

Nymphaeaceae.

414. *Nymphaea alba L.* In fliessenden und stehenden Gewässern.
  var. a. *candida Pressl.*
415. *Nuphar luteum L.* An gleichen Standorten mit voriger, aber häufiger.

Aristolochiaceae.

416. *Asarum europaeum* L. Pernigel-Strand, Wald am Bache; Kürbis-Strand, Wald am Wetterfluss.

Ranunculaceae.

417. *Thalictrum aquilegiaefolium* L. Wainsel, Brukzeemwald; Lemsal, Gebüsch vor dem Matschin-Gesinde; Erkul, beim Kaukul-Gesinde am Bache; Kürbis-Strand, Wald am Wetterfluss.
418. *Th. simplex* L. Nur in der
    var. a. *flexuosum* Gruner. Pernigel-Strand, Wiese vor dem Sihpol-Gesinde (spärlich).
419. *Th. angustifolium* Jacq. Kürbis-Strand, Wiesen am Wetterfluss (Blätter unterseits und Blattstiele zerstreut behaart).
420. *Th. flavum* L. Lemsal, Seeränder und an anderen Orten; desgleichen:
    var. a. *pratense* Schl.
421. *Hepatica triloba* Gil. Lemsal, am Wege von Tegasch nach Poickern am Flüsschen (spärlich); Pernigel-Strand, Waldabhänge am Bache; Kürbis-Strand, Waldabhänge beim Badehause.
422. *Pulsatilla pratensis* Mill. Kürbis-Strand, Dünenwald.
423. *Anemone nemorosa* L. In Wäldern und Gebüschen verbreitet.
424. *A. ranunculoides* L. Lemsal, Schlucht beim Lemsal-Pastorat, Wiese hinter dem Jaun-Zuhkaus-Gesinde, Wirbutten.
425. *Myosurus minimus* L. Auf Feldern.
426. *Ranunculus aquatilis* L. Lemsal, Graben hinter dem Jaun-Zuhkaus-Gesinde; Pernigel-Strand, beim Kiken- und Kirr-Gesinde und an anderen Orten, jedoch nicht häufig.
427. *R. divaricatus* Schrk. Wainsel, Stauung; Lemsal, Ränder des Leel-Esar; Wilkenhof, Stauung; Kürbis-Strand, Wetterfluss (Stengel wurzelnd und Blätter nicht untergetaucht, auf feuchtem Meeressande).
428. *R. Flammula* L. An feuchten Stellen.
    var. b. *gracilis* G. Mey. Häufig.
429. *R. Lingua* L. Wainsel, oberhalb der Stauung; Lemsal, am Nordufer des Leel-Esar; Wilkenhof, Gräben hinter der Mühle; Kürbis-Strand, Wetterfluss.
430. *R. auricomus* L. Überall auf Wiesen.
431. *R. cassubicus* L. Lemsal, Wirbutten; Pernigel-Strand, Waldschlag beim Steebre-Gesinde.
    var. b. *pinguis* Rpr. Pernigel-Strand, Waldschlag beim Steebre-Gesinde (1891!).
    var. c. Übergangsform zu *R. auricomus* L., ebendaselbst.

432. *Ranunculus acer L.* Gemein.
433. *R. polyanthemus L.* Kürbis-Strand, Dünenwaldrand (spärlich).
434. *R. repens L.* An trockenen und feuchten Stellen, gemein.
435. *R. sceleratus L.* An Viehtränken, an Ufern und Gräben.
436. *R. Ficaria L.* Wainsel, Garten; Lemsal, Abhang am See beim Pastorat, Schlucht zwischen den Pastoratsfeldern, Graben bei der Parochialschule.
437. *Caltha palustris L.* An Ufern, an feuchten Stellen auf Wiesen, durch das Gebiet.
438. *Trollius europaeus L.* Auf Wiesen, an Waldrändern, häufig.
(20). *Nigella damascena L.* Lemsal, Gärten, verwildert.
439. *Aquilegia vulgaris L.* Lemsal, bei der russischen Kirche, lettischer Kirchhof, verwildert; Wilkenhof, Park; Pernigel-Strand, Waldrand beim Kirr-Gesinde.
440. *Delphinium Consolida L.* Pernigel-Strand, Äcker.
(21). *D. elatum L.* Lemsal, lettischer Kirchhof, verwildert!
(22). *Aconitum variegatum L.* Lemsal, auf dem lettischen Kirchhof verwildert.
(23). *A. Napellus L.* Lemsal, lettischer Kirchhof, verwildert!
441. *Actaea spicata L.* Kürbis-Strand, Waldabhänge am Wetterfluss.

Berberidaceae.

442. *Berberis vulgaris L.* Lemsal, bei der russischen Kirche; Wilkenhof, Park.

Papaveraceae.

(24). *Papaver Rhoeas L.* Lemsal, im Garten des Burtneck-Gesindes verwildert.
(25). *P. somniferum L.* Lemsal, Gärten, verwildert.
443. *Chelidonium majus L.* An Mauern, Zäunen, in Parks und Gärten.

Fumariaceae.

444. *Fumaria officinalis L.* In Feldern, Gemüsegärten.

Cruciferae.

(26). *Hesperis matronalis L.* Lemsal, lettischer Kirchhof, verwildert!
445. *Nasturtium palustre DC.* Lemsal, zwischen beiden Seen und an anderen feuchten Orten.
446. *Barbarea stricta Andrz.* Wainsel, am Flüsschen; Lemsal, am Nordende des Leel-Esar.
    B. lyrata Aschs. Bei Wenden.

447. *Turritis glabra* L. Lemsal, Schlucht beim Frei-Gesinde (spärlich); verbreitet am Ulpisch-, Pernigel- und Kürbis-Strande.
448. *Arabis hirsuta* Scop. Kürbis-Strand, beim Badehause.
   var. Eine sonst kahle Form mit gewimperten Blättern am Pernigel-Strande unter Dünengebüsch am Grenzgraben vor dem Lahzit-Gesinde.
449. *A. arenosa* Scop. Pernigel-Strand, Wald beim Kirr-Gesinde und beim sogenannten Brandtschen Badehause; Kürbis-Strand, Dünenwälder; Salismünde.
450. *Cardamine pratensis* L. Häufig. Kommt hier mit zerstreut behaarten Blättern und Blattstielen vor.
   var. b. *dentata* Koch. Lemsal, im Gebüsch am Duhne-Esar.
451. *C. amara* L. Bei Lemsal häufig.
   var. b. *hirta* Wimm. et Grab. Lemsal, Gebüsch am Duhne-Esar beim Torfstich.
452. *Dentaria bulbifera* L. Kürbis-Strand, Waldabhänge am Wetterfluss; Lohdenhof bei Wenden, Waldabhänge am See (1891).
453. *Sisymbrium officinale* Scop. Ruderalstellen, Gärten.
454. *S. Sophia* L. Gleiche Standorte wie die vorige.
455. *S. Thalianum* Gay et Monn. Lemsal, Kimse-Krug; Sussikas, Äcker.
456. *Erysimum cheiranthoides* L. Auf Feldern, Grasplätzen, häufig.
457. *E. hieraciifolium* L. Zerstreut.
   var. a. *strictum* Fl. Wett. Lemsal, Felder beim Wez-Urban-Gesinde.
458. *Brassica campestris* L. Lemsal, Felder.
459. *Sinapis arvensis* L. Lemsal, Felder.
   var. b. *orientalis* Murr. Lemsal, Felder.
460. *Berteroa incana* DC. Lemsal, Garten von Gräfenfeldt (spärlich); Pernigel-Strand, beim sogenannten Brandtschen Badehause.
461. *Lunaria rediviva* L. Kürbis-Strand, Waldabhänge am Wetterfluss.
462. *Erophila verna* E. Mey. Felder.
(27). *Cochlearia Armoracia* L. Wainsel, Garten, verwildert.
463. *Camelina sativa* Crtz. Flachsfelder.
464. *Thlaspi arvense* L. Äcker.
465. *Capsella bursa pastoris* L. Überall.
466. *Vogelia paniculata* Hornem. Lemsal, Äcker; Pernigel-Strand, Äcker.
467. *Bunias orientalis* L. Lemsal, Äcker (1890, nur 2 Exemplare).
468. *Cakile maritima* Scop. Pernigel-Strand, Dünenwaldrand beim Kirr-Gesinde, Kartoffelgrube beim Sihpol-Gesinde; Kürbis-Strand, häufiger.
469. *Raphanistrum silvestre* Aschs. Felder, häufig.

Droseraceae.

470. *Drosera rotundifolia L.* Moosmoore, häufig.
471. *D. anglica Huds.* Lemsal, Moorwiese beim lettischen Kirchhof hinter der Windmühle.
472. *Parnassia palustris L.* Verbreitet.

Violaceae.

473. *Viola palustris L.*
    var. a. *vulgaris ant.* Häufiger als die folgende;
    var. b. *epipsila Led.* Lemsal, Graben hinter dem neuen russischen Kirchhof, Wirbutten.
(28). *V. odorata L.* Lemsal, Gärten, verwildert.
474. *V. canina L.* Ziemlich verbreitet.
    var. b. *ericetorum Schrad.* Lemsal, trockene Wiesenplätze.
    var. c. *flavicornis Sm.* Pernigel- und Kürbis-Strand, Dünenwaldrand.
475. *V. mirabilis L.* Kürbis-Strand, Wald am Wetterfluss.
476. *V. silvatica Fr.* Lemsal, Kronswald und an anderen Orten.
    var. b. *Riviniana Rchb.* Lemsal, Wirbutten.
    var. c. *rupestris Schm.* Erkul, Waldwiese beim Kaukul-Gesinde.
477. *V. tricolor L.*
    var. a. *vulgaris Koch.* Lemsal, lettischer Kirchhof.
    var. b. *arvensis Murray.* Auf Äckern, gemein.
    var. c. *saxatilis Koch.* Kürbis-Strand, Ufer des Wetterflusses; Ulpisch-Strand.

Salicaceae.

478. *Salix pentandra L.* Lemsal, Wiesen zwischen beiden Seen, Wiese beim Jann-Zahkaus-Gesinde; Kürbis-Strand, Sumpfwiesen.
479. *S. fragilis L.*
480. *S. alba L.*
481. *S. amygdalina L.*
    var. b. *discolor Koch.* Lemsal, am oberen Schlossteiche, am Leel-Esar beim Pastorat. Mit weiblichen Blüthen ein Strauch bei Gräfenfeldt auf der Buschwiese am Graben.
482. *S. daphnoides Vill.* Pernigel- und Kürbis-Strand, häufig.
483. *S. acutifolia Willd.* Lemsal, Gärten.
484. *S. viminalis L.* Pernigel-Strand, beim Steebre-Gesinde angepflanzt.
485. *S. arbuscula L.* Lemsal, Schlucht beim Pastorat (spärlich).
486. *S. nigricans Sm.* Häufig.
487. *S. cinerea L.* Häufig; desgleichen
    var. b. *aquatica Sm.* Auf feuchten Wiesen.

488. *Salix Caprea* L. Lemsal, alter russischer Kirchhof, lettischer Kirchhof, Kronswald; Kürbis-Strand, Dünenwald beim Grünthal-Kruge.
   var. b. *sphacellata* Willd. Lemsal, am Graben bei Gräfenfeldt.
489. *S. aurita* L. Lemsal. Kronswald beim Wilbak-Gesinde.
490. *S. depressa* L. Lemsal, Grabenränder.
491. *S. repens* L. Häufig, oft gemein.
   var. b. *rosmarinifolia* Koch. Lemsal, Wiese zwischen beiden Seen.
492. *Populus tremula* L. Häufig.

Hypericaceae.

493. *Hypericum perforatum* L. Häufig; seltener:
   var. a. *latifolium*.
494. *H. quadrangulum* L.

Rhamnaceae.

495. *Rhamnus cathartica* L. Lemsal, Wiese am Leel-Esar vor dem Pastorat; Pernigel-Strand, am Bache beim Lawehr-Gesinde.
496. *Frangula Alnus* Mill. Häufig.

Celastraceae.

497. *Euonymus europaeus* L. Pernigel-Strand, im Walde beim Kirr-Gesinde, Waldschonung hinter dem Steebre-Gesinde (an zwei Stellen).

Aceraceae.

498. *Acer platanoides* L. In Laubwäldern, ziemlich häufig.

Polygalaceae.

499. *Polygala vulgaris* L. Wainsel, Wiese bei der Riege; Lemsal, Hügel hinter dem Penn-Gesinde und an anderen Orten; sehr zerstreut.
500. *P. amara* L. Auf Torfwiesen, verbreitet, aber nur die
   var. a. *genuina* Koch.

Balsaminaceae.

501. *Impatiens noli tangere* L. Lemsal, Gebüsch beim Burtneek-Gesinde und an anderen Orten, zerstreut.

Linaceae.

502. *Linum catharticum* L. Häufig.

Oxalidaceae.

503. *Oxalis Acetosella* L. Überall in Wäldern und Gebüschen.

Geraniaceae.

504. *Geranium pratense* L. Wainsel, Garten; Ubbenorm, Kirche (spärlich); Kürbis-Strand. Wiesen am Wetterfluss (in grosser Menge).
505. *G. palustre* L. Auf Wiesen, im Gebüsch und Waldrändern, häufig.
506. *G. sanguineum* L. Kürbis-Strand. Abhänge im Dünenwalde am Wetterfluss.
507. *G. pusillum* L. Lemsal, in den neuen Anlagen; Wilkenhof, Garten; Pernigel-Strand, beim Steebre-Gesinde; Kürbis-Strand, Gärten am Wetterfluss.
508. *G. Robertianum* L. Pernigel-Strand, im Walde am Bache bei der Brücke, beim Pastoratsbadehause am Meere.
509. *Erodium cicutarium* L'Hérit.

Euphorbiaceae.

510. *Tithymalus helioscopius* Scop. Auf Feldern, in Gemüsegärten.
511. *Mercurialis perennis* L. Jungfernhof, Laubwald; Pernigel-Strand, Wald am Bache; Kürbis-Strand, Wald am Wetterfluss.

Tiliaceae.

512. *Tilia cordata* Mill. In Wäldern, meist strauchartig.

Malvaceae.

(29). *Lavatera turingiaca* L. Lemsal, lettischer Kirchhof, verwildert!
(30). *Malva Alcea* L. Lemsal, lettischer Kirchhof (wahrscheinlich verwildert).
(31). *M. silvestris* L. Lemsal, lettischer Kirchhof, verwildert!
(32). *M. moschata* L. Lemsal, lettischer Kirchhof, verwildert.
513. *M. neglecta* Wallr. Lemsal, Strassen; Wilkenhof, Hof; Kürbis-Strand, Gärten.
514. *M. rotundifolia* L. Pernigel-Strand, Steebre-Gesinde.

Polygonaceae.

515. *Rumex maritimus* L. Kürbis-Strand, am Meeresufer.
516. *R. obtusifolius* L. Lemsal, Gräben.
    var. b. *silvestris* Wallr. Kürbis-Strand, beim Matte-Gesinde.
517. *R. crispus* L. Häufig.
518. *R. Hydrolapathum* Huds. Lemsal, am Leel- und Duhne-Esar.
519. *R. maximus* Schreb. Kürbis-Strand, am Wetterfluss.
520. *R. aquaticus* L. Häufig.
521. *R. domesticus* Hartm. Kürbis-Strand, beim Badehause.
522. *R. Acetosa* L.

523. *Rumex Acetosella L.*
524. *Polygonum Bistorta L.* Wainsel, Wiese bei der Stauung (einziger Fundort).
525. *P. amphibium L.* In Gewässern, verbreitet.
   var. a. *natans Mnch.* Lemsal, Leel-Esar, Schlossteich, Tümpel beim Frei-Gesinde und an anderen Orten.
   var. b. *coenosum Koch.* Lemsal, am Mühlengraben.
526. *P. lapathifolium Ait.*
527. *P. nodosum Pers.*
   var. *incanum Aschs.*
528. *P. Persicaria L.*
529. *P. Hydropiper L.* An Gräben, auf Viehweiden.
530. *P. minus Huds.* Lemsal, in Gärten, bei der Kaupingschen Windmühle, Tümpel im Kronswalde; Kürbis-Strand, häufig.
531. *P. aviculare L.*
   var. b. *monspeliense Thiébaud.*
532. *P. Convolvulus L.*
533. *P. dumetorum L.* Kürbis-Strand, am Wetterfluss in der Nähe der Brücke.

Chenopodiaceae.

534. *Salsola Kali L.* Pernigel- und Kürbis-Strand, verbreitet.
535. *Chenopodium album L.* Sehr verbreitet; ebenso:
   var. b. *spicatum Koch.*
   var. c. *viride L.*
   var. d. *lanceolatum Mühlenberg.*
536. *Ch. glaucum L.* Lemsal, Strassen und an anderen Orten.
537. *Ch. rubrum L.* Kürbis-Strand, am Meeresufer.
538. *Corrispermum intermedium Schweiggr.* Kürbis-Strand, beim Badehause.
539. *Atriplex littorale L.* Kürbis-Strand, am Meeresufer (sehr spärlich).
540. *A. patulum L.* Häufig; ebenso:
   var. a. *angustifolium Sm.*
541. *A. hastatum L.* Pernigel-Strand, beim Sihpol-Gesinde.
542. *A. hortense L.* Lemsal, in Gärten verwildert.
   var. b. *sativum Aschers.* Pernigel Strand, beim Pidd-Gesinde (am Meeresufer, niederliegend); Kürbis-Strand (niederliegend).

Amarantaceae.

543. *Amarantus retroflexus L.* Wilkenhof, Garten (ob verwildert?).
544. *Albersia Blitum Kth.* Lemsal, Strassen.

Portulaccaceae.

545. *Montia fontana L.* Lemsal, quellige Stelle bei der Hoflage Sleike.
 var. b. *minor DC.* Lemsal, Quergraben gegenüber dem Jaun-Zahkaus-Gesinde. Graben oberhalb des Wilke-Burtneek-Gesindes.

Caryophyllaceae.

546. *Herniaria glabra L.* Lemsal, Mauer des lettischen Kirchhofs, Anhöhe beim Burtneek-Gesinde; Kürbis-Strand, Anhöhen hinter dem Grünthal-Kruge.
547. *Scleranthus annuus L.* Auf mageren Äckern.
548. *S. perennis L.* Kürbis-Strand, Dünenwald beim Badehause.
549. *Spergula arvensis L.*
 var. a. *vulgaris Boeningh.* Felder.
 var. b. *laricina Wolf.* Kürbis-Strand, Dünenwald.
550. *Spergularia campestris Asch.* Lemsal, auf Wegegleisen einer Viehweide 3 Werst von Lemsal, am Wege nach Jungfernhof, Felder hinter dem Forsteiwäldchen.
551. *Sagina procumbens L.* Häufig.
552. *S. nodosa Fenzl.* Häufig.
553. *Honkenya peploides Ehrh.* Ulpisch-, Pernigel- und Kürbis-Strand.
554. *Moehringia trinervia Clairv.* Lemsal, Gebüsch in der Schlucht beim Burtneek-Gesinde, Laubwald bei der Forstei und an anderen Orten.
555. *Arenaria serpyllifolia L.* Häufig.
556. *Stellularia nemorum L.* Jungfernhof, Laubwald.
557. *St. media Cirill.* Gemein.
558. *St. Holostea L.* Lemsal, Waldränder.
559. *St. glauca With.* Wiesen, Moorränder.
 var. b. *Dilleniana Mnch.* Lemsal, Wiese bei der Parochial-schule.
560. *St. graminea L.* Häufig.
561. *St. longifolia Fr.* Kürbis-Strand, Waldrand am Wege.
562. *St. uliginosa Murr.* Lemsal, Graben in der Schlucht bei der Schlossriege.
563. *St. crassifolia Ehrh.* Lemsal, Wiese am Leel-Esar beim Burtneek-Gesinde; Kürbis-Strand, am Meeresufer.
564. *Cerastium semidecandrum L.* Lemsal, Feldränder bei Sleike.
565. *C. caespitosum Gil.* Häufig.
566. *Malachium aquaticum Fr.* Lemsal, in einem Garten (gegenüber dem Arendschen Hause); Pernigel-Strand, im Walde am Bache; Kürbis-Strand, am Meeresufer (spärlich).
567. *Gypsophila muralis L.* Lemsal, Felder.
568. *Dianthus deltoides L.* Trockene Abhänge, Grasplätze, Weg- und Grabenränder, häufig.

(33). *D. plumarius L.* Lemsal, im lettischen Kirchhof verwildert.
569. *D. arenarius L.* Im Walde bei der Station Hinzenberg vor Riga.
(34). *Saponaria officinalis L.* Lemsal, im lettischen Kirchhof verwildert.
570. *Viscaria viscosa Aschers.* Lemsal, trockene Anhöhen bei der Stadt und an anderen Orten.
571. *Silene venosa Aschers.* Häufig.
572. *S. nutans L.* Pernigel- und Kürbis-Strand, Dünenwald.
(35). *S. Armeria L.* Lemsal, im Garten von Frl. Poresch verwildert.
573. *Melandrium album Grke.* Verbreitet.
574. *M. rubrum Grke.* Lemsal, feuchte Gebüsche am Leel-Esar und an anderen Orten.
575. *Coronaria flos cuculi A. Br.* Wiesen, häufig.
576. *Agrostemma Githago L.* In Kornfeldern.

Urticaceae.

577. *Urtica urens L.* In der Nähe von Wohnungen, häufig.
578. *U. dioica L.* Gemein.

Cannabaceae.

579. *Humulus Lupulus L.* Lemsal, Gebüsch beim Matschin-Gesinde; Pernigel-Strand, am Bache; Kürbis-Strand, am Wetterfluss.

Ulmaceae.

580. *Ulmus campestris L.*
  var. a. *montana With.* Lemsal, Allee bei der Gemeindeschule.
581. *U. pedunculata Fougeroux.* Lemsal, bei der lutherischen Kirche, beim Zuhkaus-Gesinde.

Betulaceae.

582. *Betula verrucosa Ehrh.* Auf Höhen, verbreitet.
583. *B. pubescens Ehrh.* Auf Grasmooren, in Niederungen.
584. *B. humilis Schrk.* Lemsal, Wiese zwischen beiden Seen.
585. *Alnus glutinosa Gaertn.* An Ufern und Moorrändern.
586. *A. incana DC.* Gemein; seltener baumartig.

Cupuliferae.

587. *Quercus pedunculata Ehrh.* Zerstreut; Lemsal, beim Wilback-Gesinde ein Bestand.
588. *Corylus Avellana L.* Ziemlich häufig als Unterholz in Laubwäldern.

Crassulaceae.

589. *Sedum maximum Suter.* Neu-Salis-Strand, Dünenwaldrand an der Swehtuppe.
590. *S. purpureum L.* Lemsal, Ackerränder.
591. *S. acre L.* Gemein.
592. *Sempervivum soboliferum Sims.* Lemsal, lettischer Kirchhof; Pernigel, Hügel hinter dem Jelgau-Kruge; Kürbis-Strand, Dünenwald zu beiden Seiten des Wetterflusses.

Saxifragaceae.

593. *Saxifraga granulata L.* Wainsel, bei der Hoflage Eesalkaje.
594. *Chrysosplenium alternifolium L.* Häufig.

Grossulariaceae.

595. *Ribes Grossularia L.* Lemsal, an Wegen.
596. *R. alpinum L.* Wainsel, Schlossruine, beim Leelkiet-Gesinde; Kürbis-Strand, Dünenwald beim Badehause.
597. *R. rubrum L.* In Wäldern, seltener als die folgende:
598. *R. nigrum L.*

Cornaceae.

599. *Cornus sanguinea L.* Kürbis-Strand, am Wetterfluss (spärlich).

Umbelliferae.

600. *Sanicula europaea L.* Wainsel, Brukzeem-Waldrand (spärlich); Pernigel-Strand, Waldrand beim Pidd-Gesinde (spärlich); Jungfernhof, Laubwald.
601. *Cicuta virosa L.* An Ufern und auf Mooren.
602. *Sium latifolium L.* Wilkenhof, Gräben hinter der Mühle; Pernigel-Strand, am Bache; Kürbis-Strand, am Wetterfluss.
603. *Aegopodium Podagraria L.* Häufig in Wäldern und Parks.
604. *Carum Carvi L.* Überall an trockenen Grabenrändern und auf Wiesen.
605. *Pimpinella magna L.* Wainsel, Brukzeem-Waldrand; Kürbis-Strand, Waldrand am Wege.
606. *P. Saxifraga L.* Häufig auf Wiesen und an Wegen; ebenso die var. b. *nigra Willd.*
607. *Oenanthe aquatica Lmk.* Pernigel-Strand, im Bache (vereinzelt); Kürbis-Strand, am Meere (sehr spärlich).
608. *Aethusa Cynapium L.* Gärten und Parks in Lemsal, Wainsel und an anderen Orten.
609. *Conioselinum tataricum Fisch.* Kürbis-Strand, Wald am Wetterfluss.

610. *Selinum Carvifolia L.* Häufig.
611. *Angelica silvestris L.* In Wäldern und auf Wiesen.
612. *Thysselinum palustre Hoffm.* Häufig auf nassen Wiesen und in feuchtem Gebüsch.
613. *Heracleum Sphondylium L.* Verbreitet.
614. *Pastinaca sativa L.* Wainsel, Garten; Lemsal. lettischer Kirchhof.
615. *Daucus Carota L.* Pernigel-Strand, häufig. Pernigel (B. f. e.).
616. *Torilis Anthriscus Gmel.* Pernigel-Strand, Gebüsch beim Steebre- und Lahzit-Gesinde.
617. *Anthriscus silvestris Hoffm.* Sehr verbreitet.
618. *Chaerophyllum aromaticum L.* Wilkenhof, Garten (spärlich); Sussikas-Strand, Schlucht beim Krimoldneek-Gesinde.
619. *Conium maculatum L.* Lemsal, beim Schloss und bei der Schlossriege; Wilkenhof, Hof; Pernigel-Strand, Rakke-Gesinde.
(36). *Levisticum officinale Koch.* Lemsal, in Gärten verwildert.

Thymelaeaceae.

620. *Daphne Mezereum L.* Wainsel, Brukzeemwald (spärlich); Lemsal, Wirbatten; Pernigel- und Kürbis-Strand, Wälder.

Halorrhagidaceae.

621. *Myriophyllum verticillatum L.* Kürbis-Strand, Tümpel am Wetterfluss beim Matte-Gesinde.
622. *M. spicatum L.* Lemsal, Duhne-Esar; Kürbis-Strand, Wetterfluss.

Hippuridaceae.

623. *Hippuris vulgaris L.* Wainsel, Tümpel im Brukzeemwalde nach dem Eerast-Gesinde zu; Kürbis-Strand, Sumpf im Dünenwalde, im Wetterflusse, am Meere.

Callitrichaceae.

624. *Callitriche stagnalis Scop.* Häufig.
625. *C. vernalis L.* Jungfernhof, Tümpel im Laubwalde.

Lythraceae.

626. *Lythrum Salicaria L.* Häufig an Gräben und im Ufergebüsch.
627. *Peplis Portula L.* Wainsel, Wegegleise im Brukzeemwalde; Lemsal, Wegegleise im Gebüsch hinter dem Sillesemneek-Gesinde; Kürbis-Strand, Wegegleisen in Wäldern.

Onagraceae.

628. *Epilobium angustifolium L.* Sehr verbreitet.
629. *E. hirsutum L.* Lemsal, beim Schlosse, an Torflöchern bei der Parochialschule; Pernigel-Strand, beim Steebre-Gesinde.
630. *E. parviflorum Schreb.* Lemsal, am Leel-Esar (vereinzelt); Pernigel-Strand, Graben bei der Waldschonung beim Steebre - Gesinde; Kürbis-Strand, Graben bei dem Bridak-Kruge, Gräben und Wälder.
631. *E. montanum L.* Lemsal, deutscher Kirchhof und an anderen Orten.
    var. b. *collinum Gmel.* Lemsal, Wegrand nach Cadfer.
632. *E. roseum Schreb.* Lemsal, Gräben beim Donau-Kruge.
633. *E. tetragonum L.* Wainsel, Graben bei der Schleuse; Lemsal, Graben bei der Hoflage Sleike.
634. *E. palustre L.* Überall auf sumpfigen Wiesen.
635. *Oenothera biennis L.* Lemsal, lettischer Kirchhof (verwildert); Kürbis-Strand, auf Dünen am Wetterfluss beim Matte-Gesinde (spontan).
636. *Circaea alpina L.* Ulpisch-Strand, Wäldchen beim Erlausk-Gesinde; Pernigel-Strand, Waldrand beim Steebre-Gesinde; Kürbis-Strand, Wälder.

Pomaceae.

637. *Crataegus monogyna Jacq.* Pernigel-Strand, beim Lahzit-Gesinde.
638. *Pirus Malus L.* Wainsel, Wiese am Wez-Esar; Lemsal, Feldränder (häufig).
    var. b. *tomentosa Koch.* Lemsal, Feldränder, Laubwald bei der Forstei.
639. *P. Aucuparia Gaertn.* Sehr verbreitet.

Rosaceae.

640. *Rosa cinnamomea L.* Lemsal, Schloss, lettischer Kirchhof; Pernigel- und Kürbis-Strand, Dünenwald.
641. *R. rubiginosa L.* Lemsal, Schlucht hinter der russischen Kirche.

Sanguisorbaceae.

642. *Agrimonia Eupatoria L.* Häufig.
    var. b. *pilosa Led.* Lemsal, Gebüsch am Leel-Esar hinter der Gemeindeschule.

Dryadaceae.

643. *Geum rivale L.* Verbreitet.
644. *G. urbanum L.* In Parks und Gärten.
645. *G. strictum Ait.* Tegasch, am Wege; Wilkenhof, Park (spärlich); Widdrisch, Hof.

646. *Rubus fruticosus L.* Ziemlich verbreitet.
    var. b. *corylifolius Sm.* Lemsal, Feldränder beim Matschin-Gesinde; Jungfernhof, Laubwald; Pernigel-Strand, Bachabhänge beim Lawer-Gesinde.
647. *R. caesius L.* Wainsel, Wald bei der Hoflage Kander; Jungfernhof, Laubwald (spärlich); Kürbis-Strand, am Wetterfluss in der Nähe des Bridak-Kruges (spärlich).
648. *R. Idaeus L.* Sehr verbreitet.
649. *R. Chamaemorus L.* Hochmoore.
650. *R. saxatilis L.* Wälder, häufig.
651. *Fragaria vesca L.* Gemein.
652. *F. moschata Duch.* Wainsel, bei der Ruine im Gebüsch.
653. *Comarum palustre L.* In Sümpfen und Grasmooren.
654. *Potentilla norvegica L.* Pernigel-Strand, lichte Stelle im Walde beim Steebre-Gesinde und beim Steebre-Gesinde selbst.
655. *P. argentea L.* Häufig.
656. *P. anserina L.* Gemein.
657. *P. reptans L.* Pernigel-Strand, beim Steebre-Gesinde; Kürbis-Strand, Wiese am Wetterfluss.
658. *P. silvestris Neck.* Häufig.
659. *Alchemilla vulgaris L.* Überall.

Spiraeaceae.

660. *Ulmaria pentapetala Gil.* Sehr verbreitet in beiden Varietäten:
    var. a. *glauca.*
    var. b. *denudata.*
    U. Filipendula A. Br. Fehlt im ganzen Gebiet, tritt zunächst bei der Aa-Brücke bei Engelhardshof auf.

Amygdalaceae.

661. *Prunus Padus L.* Häufig in Wäldern und Gebüschen.

Papilionaceae.

(37). *Lupinus hirsutus L.* Lemsal, lettischer Kirchhof, verwildert!
662. *Anthyllis Vulneraria L.* Pernigel-, Kürbis- und Neu-Salis-Strand, Dünenwaldränder.
663. *Medicago lupulina L.* Lemsal, Weg- und Grabenränder.
    var. b. *Willdenowii Boemingh.* Kürbis-Strand, beim Matte-Gesinde.
664. *Melilotus albus Desv.* Pernigel-Strand, beim Pidd-Gesinde.
665. *Trifolium pratense L.* Überall.

666. *Trifolium medium L.* Pernigel-Strand, Bachabhang beim Lawer-Gesinde; Kürbis-Strand, Waldwiese am Wetterfluss.
667. *T. arvense L.* Auf mageren Feldern.
668. *T. montanum L.* Wainsel, Gebüsch bei der Riege; Lemsal, Schlucht hinter dem Burtneck-Gesinde, auf trockenen Stellen in östlicher Exposition, durch Dünenwald geschützt in der Strandniederung von Pernigel!
669. *T. repens L.* Überall.
670. *T. hybridum L.* Lemsal, gebaut. Wiese beim Langatsch-Gesinde und an anderen Orten.
671. *T. spadiceum L.* Jungfernhof, Wiesen beim Domer-Gesinde; Poickern, Wiesen beim Ludin-Kruge.
672. *T. agrarium L.* Überall häufig.
673. *T. procumbens L.* Pernigel-Strand, Acker beim Steebre-Gesinde (vereinzelt).
674. *Lotus corniculatus L.* In der Nähe des Meeres und am Meeresufer häufig; meist in der
 var a. *ciliatus Koch.*
675. *Vicia hirsuta Koch.* Häufig in Feldern.
676. *V. silvatica L.* Kürbis-Strand, Waldabhänge am Wetterfluss.
677. *V. Cracca L.* Gemein.
678. *V. sepium L.* Häufig, nur in der
 var. a. *vulgaris.*
679. *V. sativa L.* An Feldrändern.
680. *V. angustifolia All.* Häufig.
 var. a. *segetalis Thuill.*
 var. b. *Bobartii Forster.*
681. *Lathyrus silvester L.* Erkul, Abhang beim Kaukul-Gesinde (genannt Neu-Cremon) in südlicher Exposition.
682. *L. pratensis L.* Häufig.
683. *L. paluster L.* Lemsal, Wiesen am Leel-Esar; Kürbis-Strand, Wiesen am Wetterfluss.
684. *L. vernus Bernh.* Lemsal, Wirbutten; Pernigel-Strand, Wald am Bache, Waldschonung beim Steebre-Gesinde; Kürbis-Strand, Wald am Wetterfluss.

Aufzählung der bei Laudohn gefundenen Gefässpflanzen.

Kryptogamae vasculares.

Equisetaceae.

1. Equisetum arvense L. — 2. Eq. pratense L. — 3. Eq. silvaticum L. — 4. Eq. Heleocharis Ehrh. — 5. Eq. palustre L.

Lycopodiaceae.

6. Lycopodium clavatum L.

Phanerogamae.

Gymnospermae.

Coniferae.

7. Juniperus communis L. — 8. Picea excelsa Lk. — 9. Pinus silvestris L.

Angiospermae.

Monocotyleae.

Gramina.

10. Anthoxanthum odoratum L. — 11. Panicum crus galli L. — 12. P. viride L. — 13. Nardus stricta L. — 14. Alopecurus pratensis L. — 15. A. geniculatus L. — 16. A. fulvus Sm. — 17. Agrostis polymorpha Huds. — 18. A. canina L. — 19. A. spica venti L. — 20. Calamagrostis neglecta Fr. — 21. Avena strigosa Schreb. — 22. Aira caespitosa L. — 23. Sieglingia decumbens Bernh. — 24. Sesleria coerulea Arduino. — 25. Arundo Phragmites L. — 26. Molinia coerulea Mnch. — 27. Briza media L. — 28. Dactylis glomerata L. — 29. Poa annua L. — 30. P. compressa L. — 31. P. trivialis L. — 32. P. palustris Rth. — 33. P. pratensis L.

— 34. *Glyceria fluitans* R. Br. — 35. *Gl. aquatica* Wahlb. — 36. *Festuca arundinacea* Schreb. — 37. *F. gigantea* Vill. — 38. *Cynosurus cristatus* L. — 39. *Bromus inermis* Leyss. — 40. *Br. secalinus* L. — 41. *Br. commutatus* Schrad. — 42. *Triticum repens* L.

Cyperaceae.

43. *Carex vulpina* L. — 44. *C. muricata* L. — 45. *C. echinata* Murr. — 46. *C. canescens* L. — 47. *C. gracilis* Curt. — 48. *C. panicea* L. — 49. *C. pallescens* L. — 50. *C. silvatica* Huds. — 51. *C. Pseudocyperus* L. — 52. *C. vesicaria* L. — 53. *C. hirta* L. — 54. *Scirpus paluster* L. — 55. *Sc. acicularis* L. — 56. *Sc. lacuster* L. — 57. *Sc. silvaticus* L. — 58. *Eriophorum vaginatum* L. — 59. *E. polystachium* L. — 60. *E. latifolium* Hoppe.

Typhaceae.

61. *Sparganium simplex* Huds. — 62. *S. minimum* Fr.

Juncaceae.

63. *Juncus conglomeratus* E. Mey. — 64. *J. filiformis* L. — 65. *J. compressus* Jacq. — 66. *J. bufonius* L. — 67. *J. lamprocarpus* Ehrh. — 68. *Luzula pilosa* L. — 69. *L. campestris* DC.

Liliaceae.

70. *Gagea minima* Schult. — 71. *Paris quadrifolius* L. — 72. *Convallaria majalis* L. — 73. *Majanthemum bifolium* DC.

Iridaceae.

74. *Gladiolus imbricatus* L. — 75. *Iris Pseudacorus* L.

Orchidaceae.

76. *Orchis incarnata* L. — 77. *O. maculata* L. — 78. *Platanthera bifolia* Rchb. — 79. *Epipactis palustris* Crantz. — 80. *Ep. rubiginosa* Gaud. — 81. *Goodyera repens* R. Br.

Araceae.

82. *Calla palustris* L. — 83. *Acorus Calamus* L.

Lemnaceae.

84. *Lemna trisulca* L. — 85. *L. minor* L.

Najadaceae.

86. *Potamogeton natans* L. — 87. *P. rufescens* Schrad. 88. *P. perfoliatus* L. — 89. *P. gramineus* L. und var. *heterophyllus* Fr. — 90. *P. compressus* L. — 91. *P. pectinatus* L.

Juncaginaceae.
92. *Triglochin palustris L.*

Alismaceae.
93. *Alisma Plantago L.* — 94. *Sagittaria sagittaefolia L.* — 95. *Butomus umbellatus L.*

Dicotyleae.

Sympetaleae.
Convolvulaceae.
96. *Cuscuta europaea L.* — 97. *Convolvulus sepium L.* — 98. *C. arvensis L.*

Asperifoliae.
99. *Anchusa officinalis L.* — 100. *Symphytum officinale L.* 101. *Echium vulgare L.* — 102. *Lithospermum arvense L.* 103. *Myosotis palustris With.* — 104. *M. arenaria Schrad.* — 105. *M. intermedia Lk.*

Solanaceae.
106. *Solanum nigrum L.* — 107. *S. Dulcamara L.* — 108. *Hyoscyamus niger L.*

Scrophulariaceae.
109. *Verbascum Thapsus L.* — 110. *V. nigrum L.* — 111. *Scrophularia nodosa L.* — 112. *Linaria vulgaris Mill.* — 113. *Veronica scutellata L.* — 114. *V. Anagallis aquatica L.* — 115. *V. Beccabunga L.* — 116. *V. Chamaedrys L.* — 117. *V. officinalis L.* — 118. *V. longifolia L.* — 119. *V. spicata L.* — 120. *V. serpyllifolia L.* — 121. *V. verna L.* — 122. *V. agrestis L.* — 123. *Euphrasia Odontites L.* — 124. *E. officinalis L.* — 125. *Alectorolophus major Rchb.* — 126. *Pedicularis palustris L.* — 127. *Melampyrum nemorosum L.* — 128. *M. pratense L.*

Plantaginaceae.
129. *Plantago major L.* — 130. *Pl. media L.* — 131. *Pl. lanceolata L.*

Labiatae.
132. *Mentha arvensis L.* — 133. *Lycopus europaeus L.* — 134. *Origanum vulgare L.* — 135. *Thymus Serpyllum L.* und var. *Chamaedrys Fr.* 136. *Calamintha Acinus Clairv.* — 137. *C. Clinopodium Spenner.* — 138. *Nepeta Cataria L.* — 139. *N. Glechoma Benth.* — 140. *Lamium incisum Willd.* — 141. *L. purpureum L.* — 142. *L.*

album L. — 143. L. Galeobdolon Crtz. — 144. Galeopsis Ladanum L. — 145. G. Tetrahit L. — 146. G. speciosa M. —
147. Stachys silvatica L. — 148. St. palustris L. — 149. Leonurus
Cardiaca L. — 150. Scutellaria galericulata L. — 151. Brunella
vulgaris L.

Gentianaceae.
152. Menyanthes trifoliata L.

Rubiaceae.
153. Galium Aparine L. — 155. G. uliginosum L. — 156. G. palustre L. —
157. G. boreale L. — 158. G. verum L. — 159. G. Mollugo L.

Valerianaceae.
160. Valeriana officinalis L.

Dipsaceae.
161. Knautia arvensis Coulter. — 162. Succisa praemorsa Aschers.

Campanulaceae.
163. Jasione montana L. — 164. Campanula rotundifolia L. — 165. C.
rapunculoides L. — 166. C. Trachelium L. — 167. C. patula L. —
168. C. persicifolia L. — 169. C. glomerata L.

Compositae.
170. Eupatorium cannabinum L. — 171. Tussilago Farfarus L. — 172. Erigeron canadensis L. — 173. E. acer L. — 174. Solidago virg-
aurea L. — 175. Inula britannica L. — 176. Bidens tripartitus L.
— 177. Bidens cernuus L. var. radiatus DC. — 178. Filago
arvensis L. — 179. Gnaphalium uliginosum L. — 180. Gn. silvaticum L. — 181. Gn. dioicum L. — 182. Helichrysum arenarium DC. — 183. Artemisia campestris L. — 184. A. vulgaris L.
— 185. Achillea cartilaginea Ledeb. — 186. A. Millefolium L. —
187. Anthemis tinctoria L. — 188. Chrysanthemum Leucanthemum L.
189. Ch. Chamomilla Bernh. — 190. Ch. inodorum L. — 191. Ch.
vulgare Bernh. — 192. Senecio vulgaris L. — 193. S. silvaticus L.
194. S. Jacobaea L. — 195. Carlina vulgaris L. — 196. Centaurea
Jacea L. und var. pratensis Thuill. — 197. C. nigra L. — 198. C.
Cyanus L. — 199. C. Scabiosa L. — 200. Lappa glabra Lmk. —
201. L. tomentosa Lmk. — 202. Carduus crispus L. — 203. Cirsium
heterophyllum All. — 204. C. lanceolatum Scop. — 205. C. oleraceum Scop. — 206. C. palustre Scop. — 207. C. arvense Scop. —
208. Lampsana communis L. — 209. Leontodon auctumnalis L. —

210. L. hispidus L. — 211. Archyrophorus maculatus Scop. — 212. Taraxacum vulgare Schrk. — 213. Sonchus oleraceus L. — 214. S. asper All. — 215. S. arvensis L. — 216. Crepis biennis L. — 217. C. tectorum L. — 218. C. paludosa Mnch. — 219. Hieracium Auricula L. — 220. H. praealtum Vill. — 221. H. pratense Tausch. — 222. H. umbellatum L.

Primulaceae.

223. Trientalis europaea L. — 224. Lysimachia thyrsiflora L. — 225. L. vulgaris L. — 226. L. Nummularia L. — 227. Primula officinalis Jacq. — 228. Hottonia palustris L.

Pirolaceae.

229. Monotropa Hypopitys L. — 230. Pirola rotundifolia L. — 231. P. minor L. — 232. Chimophila umbellata Nutt. — 233. Ramischia secunda Gke.

Rhodoraceae.

234. Ledum palustre L.

Ericaceae.

235. Calluna vulgaris Salisb.

Siphonandraceae.

236. Vaccinium Myrtillus L. — 237. V. uliginosum L. — 238. V. Vitis Idaea L. — 239. V. Oxycoccus L. — 240. Andromeda poliifolia L. — 241. Cassandra calyculata Don.

Empetraceae.

242. Empetrum nigrum L.

Choripetalae.
Ceratophyllaceae.

243. Ceratophyllum demersum L.

Nymphaeaceae.

244. Nymphaea alba L. — 245. Nuphar luteum Sm.

Aristolochiaceae.

246. Asarum europaeum L.

Ranunculaceae.

247. Thalictrum aquilegiaefolium L. — 248. Th. flavum L. — 249. Th. angustifolium Jacq. — 250. Hepatica triloba Gil. — 251. Pulsatilla

patens Mill. — 252. *Anemone nemorosa* L. — 253. *A. ranunculoides* L. — 254. *Myosurus minimus* L. — 255. *Ranunculus aquatilis* L. — 256. *R. Flammula* L. — 257. *R. Lingua* L. — 258. *R. cassubicus* L. 259. *R. acer* L. — 260. *R. repens* L. — 261. *R. sceleratus* L. 262. *R. Ficaria* L. 263. *Caltha palustris* L. — 264. *Trollius europaeus* L. — 265. *Delphinium Consolida* L.

Papaveraceae.
266. *Chelidonium majus* L.

Fumariaceae.
267. *Fumaria officinalis* L.

Cruciferae.
268. *Nasturtium amphibium* R. Br. — 269. *N. palustre* DC. 270. *Barbarea lyrata* Aschs. — 271. *B. stricta* Andrz. — 272. *Arabis arenosa* Scop. — 273. *Cardamine pratensis* L. — 274. *C. amara* L. — 275. *Sisymbrium officinale* Scop. — 276. *S. Sophia* L. — 277. *S. Thalianum* Gay et Monn. — 278. *Erysimum cheiranthoides* L. — 279. *Brassica Napus* L. — 280. *Berteroa incana* DC. — 281. *Erophila verna* E. Mey. — 282. *Camelina sativa* Crtz. — 283. *Thlaspi arvense* L. — 284. *Capsella bursa pastoris* Mnch. — 285. *Raphanistrum silvestre* Aschs.

Droseraceae.
286. *Drosera rotundifolia* L. — 287. *Dr. longifolia* L. — 288. *Parnassia palustris* L.

Violaceae.
289. *Viola palustris* L. — 290. *V. rupestris* Schm. — 291. *V. silvestris* Lmk. — 292. *V. tricolor* L. b. *arvensis* Murr.

Salicaceae.
293. *Salix repens* L.

Hypericaceae.
294. *Hypericum perforatum* L. b. *angustifolium* Gaud. — 295. *H. quadrangulum* L.

Rhamnaceae.
296. *Rhamnus cathartica* L. — 297. *Frangula Alnus* Mill.

Celastraceae.
298. *Evonymus europaea* L.

Acereae.

299. Acer platanoides L.

Polygalaceae.

300. Polygala vulgaris L. — 301. P. amara L. et fl. rubro.

Balsaminaceae.

302. Impatiens noli tangere L.

Linaceae.

303. Linum catharticum L.

Oxalidaceae.

304. Oxalis Acetosella L.

Geraniaceae.

305. Geranium pratense L. — 306. G. silvaticum L. — 307. G. palustre L. — 308. G. sanguineum L. — 309. G. pusillum L. — 310. Erodium cicutarium L'Hérit.

Tiliaceae.

311. Tilia cordata Mill.

Malvaceae.

312. Malva neglecta Wallr.

Polygonaceae.

313. Rumex obtusifolius L. — 314. R. aquaticus L. — 315. R. Acetosa L. — 316. Polygonum amphibium L. — 317. P. lapathifolium L. — 318. P. Persicaria L. — 319. P. Hydropiper L. — 320. P. aviculare L. — 321. P. Convolvulus L.

Chenopodiaceae.

322. Chenopodium album L. — 323. Atriplex patulum L. — 324. A. hastatum L.

Amarantaceae.

325. Albersia Blitum Kth.

Caryophyleaceae.

326. Herniaria glabra L. — 327. Scleranthus annuus L. — 328. Spergula arvensis L. — 329. Sagina procumbens L. — 330. Sag. nodosa Fenzl. — 331. Arenaria graminifolia Schrad. — 332. A. serpyllifolia L. — 333. Stellularia nemorum L. — 334. St. media Vill. — 335. St. Holostea L. — 336. St. glauca With. — 337. St. graminea L. — 338. Cerastium caespitosum Gil. — 339. Malachium

aquaticum Fr. — 340. Gypsophila fastigiata L. — 341. G. muralis L. — 342. Dianthus deltoides L. — 343. D. arenarius L. — 344. Viscaria viscosa Aschs. — 345. Silene venosa Aschs. — 346. S. natans L. — 347. Melandrium album Garke. — 348. Agrostemma Githago L.

Urticaceae.
349. Urtica dioica L. — 350. U. urens L.

Cannabaceae.
351. Humulus Lupulus L.

Betulaceae.
352. Betula alba L. var. verrucosa Ehrh. — 353. Alnus incana DC.

Crassulaceae.
354. Sedum purpureum Lk. — 355. S. acre L.

Saxifragaceae.
356. Saxifraga granulata L. — 357. Chrysosplenium alternifolium L.

Grossulariaceae.
358. Ribes Grossularia L. — 359. R. rubrum L. — 360. R. nigrum L.

Cornaceae.
361. Cornus sanguinea L. (an sponte?).

Umbelliferae.
362. Cicuta virosa L. et var. angustifolia Kit. — 363. Aegopodium Podagraria L. — 364. Carum Carvi L. — 365. Pimpinella Saxifraga L. — 366. Sium latifolium L. — 367. Oenanthe aquatica Lmk. — 368. Selinum carvifolia L. — 369. Angelica silvestris L. — 370. Thysselinum palustre Hoffm. — 371. Pastinaca sativa L. — 372. Heracleum Sphondylium L. — 373. Anthriscus silvestris Hoffm. — 374. Chaerophyllum aromaticum L.

Halorrhagidaceae.
375. Myriophyllum spicatum L.

Hippuridaceae.
376. Hippuris vulgaris L.

Callitrichaceae.
377. Callitriche vernalis Kütz. — 378. C. auctumnalis L.

Lythraceae.
379. Lythrum Salicaria L. — 380. Peplis Portula L.

Onagraceae.
381. Epilobium angustifolium L. — 382. E. montanum L. — 383. E. roseum Schreb. — 384. E. palustre L.

Pomaceae.
385. Pirus Aucuparia Gaertn.

Sanguisorbaceae.
386. Agrimonia Eupatoria L.

Dryadaceae.
387. Geum rivale L. — 388. G. strictum Ait. — 389. Rubus fruticosus L. var. corylifolius Sm. — 390. R. idaeus L. — 391. R. saxatilis L. — 392. Fragaria vesca L. — 393. Comarum palustre L. — 394. Potentilla argentea L. — 395. P. anserina L. — 396. P. reptans L. — 397. P. silvestris Neck. — 398. Alchimilla vulgaris L.

Spiraeaceae.
399. Ulmaria pentapetala Gil. — 400. U. Filipendula A. Br.

Amygdalaceae.
401. Prunus Padus.

Papilionaceae.
402. Melilotus albus Desr. — 403. Trifolium pratense L. — 404. Tr. medium L. — 405. Tr. arvense L. — 406. Tr. montanum L. — 407. Tr. repens L. — 408. Tr. hybridum L. — 409. Tr. agrarium L. — 410. Tr. spadiceum L. — 411. Vicia hirsuta Koch. — 412. V. Cracca L. — 413. V. sepium L. — 414. V. sativa L. — 415. V. angustifolia All. — 416. Lathyrus pratensis L. — 417. L. paluster L.

www.ingramcontent.com/pod-product-compliance
Lightning Source LLC
Chambersburg PA
CBHW031410160426
43196CB00007B/969